Devenir un Expert IT

À LIRE - AVERTISSEMENT

Tous droits - Damien SOULACES • 2023

Vous n'avez pas le droit de l'offrir ni de le Sans accord des auteurs. Tous droits de reproduction, d'adaptation et de traduction intégrale ou partielle réservée pour pays. L'auteur ou l'éditeur est seul propriétaire des droits et responsable du Contenu de Ce livre.

Le code de la propriété intellectuelle interdit les copies ou reproductions destinées à une utilisation collective.

À LIRE - NOTICE LÉGALE

Tous droits - Damien SOULACES • 2023

Vous n'avez pas le droit de l'offrir ni de le Sans accord des auteurs. Tous droits de reproduction, d'adaptation et de traduction intégrale ou partielle réservée pour pays. L'auteur ou l'éditeur est seul propriétaire des droits et responsable du Contenu de Ce livre.

Le code de la propriété intellectuelle interdit les copies ou reproductions destinées à une utilisation collective.

Table des matières

Introduction	V
Pourquoi choisir une carrière dans l'IT	VII
Les défis des professionnels de l'IT	X
Qui suis-je ?	XII
Mon histoire	XIII
Petite aparté	XVII
Les métiers	1
Technicien support informatique	3
Administrateur réseau	6
Administrateur système	9
Ingénieur en cybersécurité	12
Ingénieur Cloud	15
Ingénieur DevOps	18
Chef de projet informatique	21
Consultant en informatique	24
Gestionnaire de bases de données (DBA)	27
Développeur de logiciels	30
Développeur / Programmeur (Front-end, Back-end, Full-stack)	33
Développeurs de blockchain	36

Devenir un Expert IT

Data analyst	39
Data scientist	42
Ingénieur en intelligence artificielle / Machine Learning	45

La formation professionnelle — 48
Formations traditionnelles en présentiel — 49
Écoles de formation longue durée — 50
Formations 100% en ligne — 52

Les types de financement — 55
Compte Personnel de Formation (CPF) — 56
Pôle emploi — 57
L'aide individuelle à la formation — 57
L'action de formation préalable au recrutement — 58
La préparation opérationnelle à l'emploi — 58
Le contrat de professionnalisation — 59
Les aides des collectivités — 59
Le plan de développement des compétences — 60
Le CPF de transition professionnelle — 60
Le dispositif Pro-A — 61
Le dispositif Transco — 62
Travailleurs indépendants — 62
Pour conclure — 63

Les certifications IT — 64
Niveau : Entrée de Gamme — 65
Niveau : Associé — 72
Classement Certification par compétence — 80

Les certifications RNCP — 82
Les niveaux RNCP — 83
Ministère du Travail, du Plein Emploi et de l'Insertion. — 84
RNCP Niveau 3 : CAP ou BEP — 85
RNCP Niveau 4 : Bac — 86
RNCP Niveau 5 : Bac +2 (BTS, DUT) — 88
RNCP Niveau 6 : Bac +3 (Licence, Bachelor) — 91

Apprendre à apprendre — 96
Apprendre efficacement — 96
Prise de notes intelligente — 98
Répétition et révision — 101

Savoir s'organiser — 104
Définir des objectifs SMART — 104
Organiser son temps — 106

Devenir Certifié **108**
Gérer son stress 108
Maintenir la motivation et l'engagement 110
Surmonter les obstacles et les échecs 113

Décrocher un emploi **115**
Créer son CV 115
Rédiger sa lettre de motivation 119
Réussir un entretien d'embauche 121
Trouver sa première opportunité 122

Construire votre carrière **124**
Développer vos compétences techniques 125
Compétences transversales (soft skills) 127
Gérer son évolution professionnelle 129
Réseautage et développemen 131
Équilibrer son travail et sa vie personnelle 133

Inspirer le changement **134**
Mes valeurs 135
Mes croyances 136
Mon combat 137
Ma vision du futur 138

Conclusion **139**

Glossaire technique **139**
Systèmes d'exploitation (OS) 139
Réseaux et protocoles 144
Sécurité informatique et cybersécurité 147
Développement logiciel et langages de programmation 149
Bases de données et gestion de données 151
Infrastructure informatique et matériel 153
Cloud computing et services de cloud 155
Intelligence artificielle et apprentissage automatique (Machine Learning) 157
Technologies web et développement web 159
Gestion de projet et méthodologies agiles 161
Systèmes de gestion de contenu (CMS) 164
Virtualisation et conteneurisation 166
Internet des objets (IoT) 168
Blockchain et cryptomonnaies 170
Big Data et analyse de données 172

Le mot de la fin **174**

Introduction

Bienvenue dans ce livre dédié aux métiers de l'informatique IT et à la construction de votre carrière dans ce domaine en constante évolution.

Si vous êtes ici, c'est que vous êtes sûrement curieux sur ce domaine ou que vous envisagez d'embrasser une carrière dans l'informatique.

Au fil des pages, vous découvrirez une mine d'informations précieuses couvrant les sujets suivants :

Devenir un Expert IT

7.	📒	**Savoir s'organiser**
8.	🏆	**Devenir Certifié**
9.	🔍	**Décrocher un emploi**

10.	📊	**Construire sa carrière dans l'IT**
11.	⚙️	**Inspirer le changement**
12.	🛠️	**Et un glossaire technique IT**

Mon objectif est de vous fournir des éléments concrets, dans le but de vous aider à bâtir une carrière dans le domaine de l'informatique IT.

Vous trouverez également un glossaire technique pour vous familiariser avec le jargon de l'industrie.

Je vous encourage vivement à lire ce livre du début à la fin, pour profiter pleinement de toutes les ressources qu'il contient.

 En parcourant chaque chapitre, vous acquerrez les connaissances et la confiance nécessaires pour prendre des décisions éclairées concernant votre avenir professionnel.

Devenir un Expert IT

Pourquoi choisir une carrière dans l'IT

L'informatique IT (technologies de l'information) est un domaine en pleine expansion qui offre de nombreuses opportunités professionnelles et avantages.

Voici quelques raisons pour lesquelles vous devriez envisager une carrière dans ce secteur :

1. DEMANDE CROISSANTE DE PROFESSIONNELS IT :

Avec la transformation numérique et la dépendance accrue aux technologies de l'information, les entreprises ont un besoin constant de professionnels IT compétents. Selon le Bureau of Labor Statistics, les emplois dans l'informatique devraient connaître une croissance de 11% entre 2019 et 2029, un taux nettement supérieur à la moyenne pour toutes les professions.

Devenir un Expert IT

2. SALAIRE ATTRACTIF :

Les métiers de l'informatique IT sont généralement bien rémunérés, avec des salaires souvent supérieurs à la moyenne nationale. **De plus, la rémunération peut augmenter rapidement** avec l'expérience et les compétences acquises.

3. DIVERSITÉ DES MÉTIERS :

L'informatique IT englobe de nombreux domaines d'expertise, allant de la cybersécurité au développement de logiciels, en passant par l'administration réseau et la gestion de projet. **Cette diversité offre de nombreuses opportunités de carrière** et permet ainsi de trouver un métier qui correspond à vos intérêts et compétences.

4. POSSIBILITÉS D'ÉVOLUTION PROFESSIONNELLE :

Les professionnels de l'informatique IT ont généralement des perspectives d'évolution de carrière intéressantes, avec la possibilité de passer à des postes de management ou de se spécialiser dans des domaines très recherchés. **Les certifications et la formation continue jouent un rôle clé dans cette évolution.**

5. TRAVAIL STIMULANT ET VARIÉ :

Les métiers de l'informatique IT offrent souvent des défis intellectuels et des problèmes complexes à résoudre. Chaque jour peut apporter de nouvelles tâches et responsabilités, rendant le travail passionnant et dynamique.

Devenir un Expert IT

6. FLEXIBILITÉ ET TÉLÉTRAVAIL :

De nombreux emplois IT permettent une certaine flexibilité en termes d'horaires et de lieu de travail. Le télétravail est de plus en plus courant dans ce domaine, offrant un meilleur équilibre entre vie professionnelle et vie privée.

7. IMPACT SUR LA SOCIÉTÉ :

Les professionnels de l'informatique IT contribuent directement à l'innovation et à la croissance économique, en développant des technologies et des solutions qui améliorent la vie quotidienne et la compétitivité des entreprises.

C'est un secteur d'avenir dans lequel vos compétences seront toujours en demande et où vous pourrez continuellement vous développer et vous épanouir professionnellement.

Devenir un Expert IT

Les défis des professionnels de l'IT

Voici quelques-uns des principaux défis auxquels les professionnels de l'informatique IT sont confrontés aujourd'hui :

1 . Évolution rapide des technologies :
Le rythme rapide de l'évolution technologique oblige les professionnels de l'informatique IT à apprendre constamment de nouvelles compétences et à s'adapter aux changements.

2. Sécurité informatique :
La cybersécurité est une préoccupation croissante pour les organisations, et les professionnels de l'informatique IT doivent être vigilants face aux menaces et aux vulnérabilités potentielles.

Devenir un Expert IT

3. Gestion de la complexité :
À mesure que les systèmes informatiques deviennent de plus en plus complexes, les professionnels de l'informatique IT doivent être en mesure de gérer et de maintenir des environnements informatiques de plus en plus sophistiqués.

4. Intégration des nouvelles technologies :
Les professionnels de l'informatique IT sont souvent chargés d'intégrer de nouvelles technologies dans des systèmes existants, ce qui peut être complexe et difficile.

5. Gestion de projets et respect des délais :
Les professionnels de l'informatique IT doivent souvent travailler sous pression, afin de respecter des délais serrés et livrer des projets de qualité.

6. Trouver l'équilibre entre innovation et stabilité :
Les professionnels de l'informatique IT doivent trouver un équilibre entre l'adoption de nouvelles technologies innovantes et le maintien de la stabilité et de la fiabilité des systèmes existants.

➡ N'oubliez jamais que chaque défi est une opportunité de croissance et d'épanouissement. En tant que professionnel de l'IT, vous avez le pouvoir de façonner l'avenir et de contribuer à un monde meilleur et plus connecté.

 Votre persévérance et votre résilience seront la clé de votre succès.

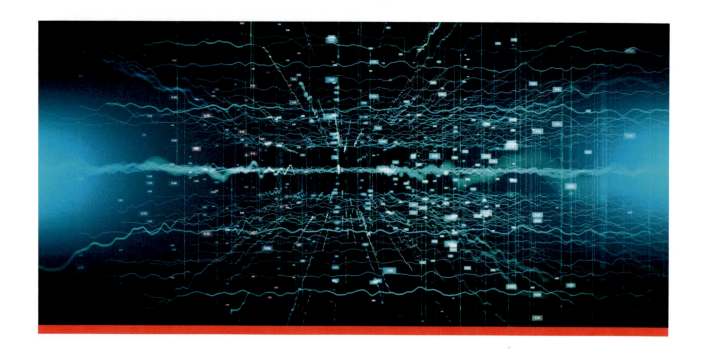

Qui suis-je ?

Je m'appelle Damien Soulages, mon parcours dans le monde de l'informatique IT a été parsemé de défis et d'obstacles. Aujourd'hui, je suis fier d'être formateur spécialisé en e-learning depuis 2017.

Voici mon histoire, qui a inspiré la création de mon organisme de formation en ligne.

Devenir un Expert IT

Mon histoire

À l'origine, j'étais un technicien Télécom qui gérait l'infrastructure téléphonique et le centre d'appels d'une grande société.

Passionné par mon métier, j'avais consacré des années de ma vie à maîtriser toutes les compétences nécessaires pour exceller au sein de mon domaine.

La nostalgie me gagne lorsque je pense aux commandes d'autocom Matra, telles que XLIGAB, qui servaient à configurer les liaisons entre les postes téléphoniques.

C'était l'époque où chaque ligne de code contribuait à tisser la toile des communications au sein des entreprises.

Et comment oublier, aussi, la nostalgie de se connecter au PABX avec un Minitel, ce terminal emblématique des années 80 et 90 ?

Ces souvenirs rappellent un temps où l'accès à la technologie était plus restreint, mais où chaque avancée semblait marquer un grand pas dans l'évolution des communications.

 Un jour, l'arrivée de la VoIP (Voix sur IP) bouleversa mon univers.
Cette nouvelle technologie remplaça tout ce que j'avais appris, me laissant face à un avenir incertain.

Néanmoins, j'étais déterminé à ne pas me laisser abattre et j'ai donc décidé de repartir de zéro pour m'adapter à cette révolution technologique.

Devenir un Expert IT

J'entrepris alors **un voyage initiatique pour obtenir la certification Cisco CCNA** (un sésame pour de nouvelles opportunités) et devenir administrateur réseau.

Malheureusement, les formations en présentiel que je suivais ne tinrent pas leurs promesses. Malgré leur marketing séduisant, elles ne me permirent pas de réussir l'examen, et ce, même après plusieurs tentatives infructueuses et des dizaines de milliers d'euros dépensés.

Au bord du désespoir, je réalisai que je devais prendre les choses en main et **repenser ma stratégie d'apprentissage**. Je décidai alors de devenir autodidacte et de créer ma propre méthodologie, dans le but de m'attaquer à cette certification tant convoitée.

Je me plongeai dans les livres (vous savez, ceux qui sont difficiles à digérer...), écumant forums et vidéos anglophones, et passai d'innombrables heures à étudier et à pratiquer.

Grâce à ma persévérance, ma soif de connaissances et ma détermination, je finis par décrocher la certification Cisco CCNA qui m'avait tant échappé.

Fier de mon succès, **je décidai de partager mon expérience et ma méthodologie d'apprentissage** avec d'autres personnes dans la même situation.

Ainsi naquit **l'organisme de formation Formip**, offrant aux apprenants du monde entier une méthode d'apprentissage innovante et efficace pour réussir leurs certifications et s'adapter aux défis du monde de l'IT.

Aujourd'hui, à l'heure où j'écris ces lignes, c'est plus de 23 000 participants répartis dans 147 pays, qui profitent de ma méthode pour monter en compétences et atteindre leurs objectifs professionnels.

Devenir un Expert IT

 Fier de mon succès, je décidai de partager mon expérience et ma méthodologie d'apprentissage avec d'autres personnes dans la même situation.

 Ainsi naquit **l'organisme de formation Formip**, offrant aux apprenants du monde entier une méthode d'apprentissage innovante et efficace pour <u>réussir leurs certifications et s'adapter aux défis du monde de l'IT.</u>

 Aujourd'hui, à l'heure où j'écris ces lignes, c'est plus de 23 000 participants répartis dans 147 pays, qui profitent de ma méthode pour monter en compétences et atteindre leurs objectifs professionnels.

Petite aparté

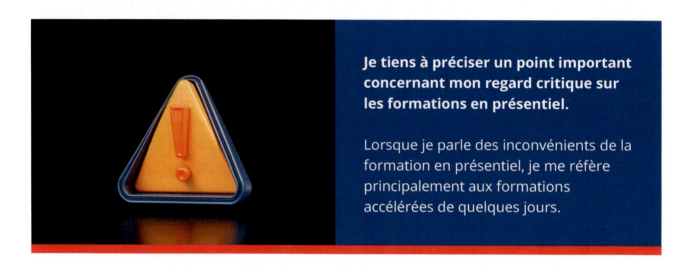

Je tiens à préciser un point important concernant mon regard critique sur les formations en présentiel.

Lorsque je parle des inconvénients de la formation en présentiel, je me réfère principalement aux formations accélérées de quelques jours.

Ces formations ont tendance à privilégier le marketing plutôt que la pédagogie, promettant des résultats rapides et spectaculaires, à l'image de certaines offres en ligne qui promettent de gagner des millions d'euros en un clin d'œil et en seulement un clic.

Cependant, je ne remets pas en cause la valeur des écoles de formation longue durée en présentiel.

Ces établissements offrent un cadre idéal pour monter en compétences, car ils permettent d'être entouré de personnes physiques partageant les mêmes objectifs.

 La formation en présentiel sur une longue durée (plusieurs mois) reste une excellente option pour apprendre et progresser dans un environnement stimulant et structuré.

Un bonus pour votre soutien!

En achetant ce livre broché sur Amazon, vous avez l'opportunité d'obtenir 3 cadeaux incroyables.

Il vous suffit de laisser un avis sur Amazon et d'envoyer la preuve d'achat du livre, à l'aide du lien ci-dessous, ou du QR code.

Pour vous remercier, vous recevrez gratuitement :
- la formation complète "Devenir un Expert IT" (valeur de 97€)
- la version numérique de ce livre
- ainsi qu'un certificat de réussite

https://url.formip.com/bonus-it-amazon

Les métiers

Dans le monde en constante évolution de l'informatique et des technologies de l'information (IT), de nombreux métiers passionnants et gratifiants s'offrent à ceux qui souhaitent se lancer dans cette industrie.

Ce chapitre vous présente un large éventail de ces métiers, organisés en différentes catégories pour vous aider à naviguer et à mieux comprendre les opportunités disponibles.

Chaque métier sera abordé en détail, en mettant l'accent sur les aspects suivants :

 1. Rôles et responsabilités :
Pour vous donner une idée claire de ce à quoi ressemble la vie professionnelle quotidienne dans chaque métier.

Devenir un Expert IT

2. Compétences requises :
Pour vous aider à comprendre les compétences et les qualifications nécessaires pour exceller dans chaque rôle.

3. Salaires :
Pour vous fournir une idée des perspectives de rémunération associées à chaque métier. (Ce ne sont que des estimations et moyennes…)

4. Termes techniques :
Pour vous donner un aperçu des concepts clés et des termes techniques spécifiques à chaque métier, accompagné de définitions claires et compréhensibles.

➡ Mon objectif est de vous fournir toutes les informations dont vous avez besoin pour faire un choix éclairé et réfléchi concernant votre avenir professionnel.

 En comprenant les différentes facettes de chaque métier, vous serez en mesure de déterminer quelle voie correspond le mieux à vos intérêts, à vos compétences et à vos aspirations.

Devenir un Expert IT

Technicien support informatique

Le technicien support informatique est un professionnel clé dans le domaine de l'informatique IT, qui assure l'assistance et le dépannage des utilisateurs rencontrant des problèmes informatiques.

 ## Rôle et responsabilités

- Répondre aux demandes d'assistance des utilisateurs, par téléphone, par e-mail ou via un système de tickets.

- Diagnostiquer et résoudre les problèmes matériels et logiciels.

- Installer, configurer et mettre à jour les logiciels et les systèmes d'exploitation.

- Assurer la maintenance préventive des équipements informatiques.

- Former les utilisateurs sur les logiciels et les bonnes pratiques informatiques.

- Collaborer avec d'autres membres de l'équipe IT pour résoudre les problèmes plus complexes.

Devenir un Expert IT

 ## Compétences requises

- Connaissances solides en matière de systèmes d'exploitation (Windows, macOS, Linux), de logiciels et de matériel informatique.
- Capacité à diagnostiquer et résoudre les problèmes techniques rapidement et efficacement.
- Excellentes compétences en communication, à l'oral comme à l'écrit, pour expliquer les solutions aux utilisateurs de manière claire et compréhensible.
- Patience et empathie pour comprendre les problèmes des utilisateurs et les aider à résoudre leurs difficultés.
- Capacité à gérer plusieurs tâches simultanément et à travailler sous pression.
- Esprit d'équipe pour travailler avec d'autres membres de l'équipe IT.

 ## Salaires

- **Débutant** : Autour de 22 000 euros par an.
- **Professionnel expérimenté** : Jusqu'à 35 000 euros par an.

 ## Termes techniques

- **Ticket d'assistance**
    - Un ticket d'assistance est un enregistrement des détails d'un problème technique, d'une demande ou d'une question soumise par un utilisateur à une équipe de support informatique. ***Le ticket d'assistance permet de suivre l'avancement de la résolution du problème et d'assurer un suivi efficace.***

Devenir un Expert IT

 Pensez au ticket d'assistance comme à une fiche de recette pour un plat :
il contient toutes les informations nécessaires pour résoudre le problème étape par étape, y compris les ingrédients (problèmes et demandes) et les instructions (solutions).

- **Système d'exploitation (OS)**
  - Un système d'exploitation est un logiciel qui gère les ressources matérielles et logicielles d'un ordinateur, en fournissant une interface utilisateur, en exécutant des applications et en contrôlant l'accès aux fichiers et aux périphériques.

 Vous pouvez comparer un système d'exploitation à un chef d'orchestre qui coordonne tous les musiciens (les composants matériels et logiciels) pour qu'ils jouent harmonieusement ensemble.

- **Connexion à distance**
  - La connexion à distance est une technologie qui permet à un technicien de se connecter à un ordinateur situé à un autre endroit via Internet, afin de résoudre des problèmes, d'effectuer des mises à jour ou de fournir une assistance sans être physiquement présent.

 Imaginez la connexion à distance comme un tunnel magique qui relie votre ordinateur à celui d'un technicien, lui permettant de voir et d'interagir avec votre système comme s'il était assis juste à côté de vous.

Devenir un Expert IT

Administrateur réseau

L'administrateur réseau est un professionnel de l'informatique qui joue un rôle essentiel dans la conception, la mise en place, la gestion et la maintenance des infrastructures réseau au sein des entreprises et des organisations.

 ## Rôle et responsabilités

- Planifier et concevoir des réseaux locaux (LAN) et étendus (WAN) pour assurer la connectivité et la performance des systèmes informatiques.

- Installer et configurer les équipements réseau, tels que les routeurs, les commutateurs et les pare-feu.

- Surveiller et optimiser les performances du réseau, en identifiant et résolvant les problèmes potentiels avant qu'ils n'affectent les utilisateurs.

- Assurer la sécurité et la confidentialité des données en mettant en place et en maintenant des systèmes de protection efficaces.

- Collaborer avec les autres membres de l'équipe informatique pour planifier et coordonner les mises à niveau et les modifications du réseau.

- Fournir un support technique aux utilisateurs et résoudre les problèmes liés au réseau.

Devenir un Expert IT

 ## Compétences requises

- Une solide compréhension des principes et des protocoles de réseau.
- La maîtrise des systèmes d'exploitation, des langages de script et des outils de gestion réseau.
- Des compétences en résolution de problèmes et en dépannage.
- Une bonne communication et des aptitudes pour travailler en équipe.
- La capacité à gérer des projets et à respecter les délais.

 ## Salaires

- **Débutant** : Autour de 30 000 euros par an
- **Professionnel expérimenté** : Jusqu'à 50 000 euros par an.

 ## Termes techniques

- **Routeur**
    - Un routeur est un dispositif de réseau qui permet de connecter et de diriger le trafic entre différents réseaux, y compris Internet. Il s'assure que les informations parviennent à la bonne destination en suivant le chemin le plus court et le plus efficace.

     Imaginez le routeur comme un agent de circulation qui oriente les voitures vers leur destination en choisissant les meilleurs itinéraires pour éviter les embouteillages et les travaux routiers.

Devenir un Expert IT

- **Protocole**
  - Un protocole est un ensemble de règles et de procédures que les ordinateurs et les périphériques utilisent pour communiquer entre eux sur un réseau.

   Imaginez le protocole comme une langue que les ordinateurs utilisent pour se comprendre et échanger des informations, tout comme les humains parlent en différentes langues pour communiquer entre eux.

- **VLAN (Virtual Local Area Network)**
  - Un VLAN est un réseau local virtuel qui segmente un réseau physique en plusieurs réseaux logiques distincts. Il permet de regrouper des appareils en fonction de critères spécifiques, tels que leur fonction ou leur emplacement, améliorant ainsi la sécurité, la gestion et les performances du réseau.

   Imaginez le VLAN comme un immeuble de bureaux avec plusieurs étages, où chaque étage est réservé à un département spécifique de l'entreprise, permettant ainsi de mieux organiser et contrôler l'accès aux ressources et aux informations.

Devenir un Expert IT

Administrateur système

L'administrateur réseau est un professionnel de l'informatique qui joue un rôle essentiel dans la conception, la mise en place, la gestion et la maintenance des infrastructures réseau au sein des entreprises et des organisations.

Ce rôle est crucial pour assurer le bon fonctionnement des systèmes informatiques et garantir la continuité des opérations de l'entreprise.

 ## Rôle et responsabilités

- Installer, configurer et mettre à jour les systèmes d'exploitation, les logiciels serveur et les applications.
- Surveiller les performances du système, diagnostiquer et résoudre les problèmes techniques.
- Gérer la sauvegarde des données et la récupération en cas de perte ou de corruption des données.
- Assurer la sécurité des systèmes en mettant en place des politiques de sécurité et en appliquant des mises à jour et des correctifs.
- Collaborer avec les équipes de développement, de réseau et de support technique pour assurer une infrastructure informatique fiable et performante.
- Planifier et coordonner les mises à niveau du matériel et du logiciel pour répondre aux besoins évolutifs de l'organisation.

Devenir un Expert IT

 ## Compétences requises

- La maîtrise des systèmes d'exploitation serveur tels que Windows Server, Linux ou UNIX.
- Une bonne compréhension des concepts de réseautage et de sécurité informatique.
- La connaissance des langages de script tels que PowerShell, Bash ou Python pour automatiser les tâches d'administration.
- La capacité à résoudre des problèmes complexes et à gérer efficacement les incidents techniques.
- D'excellentes compétences en communication et en travail d'équipe pour collaborer avec les autres membres de l'équipe informatique.

 ## Salaires

- **Débutant** : Autour de 30 000 euros par an
- **Professionnel expérimenté** : Jusqu'à 50 000 euros par an.

 ## Termes techniques

- **Serveur**
  - Un serveur est un ordinateur ou un système informatique dédié à la gestion des ressources, des services et des applications pour les utilisateurs d'un réseau. **Il traite les demandes et fournit des informations aux autres ordinateurs et dispositifs connectés.**

     Vous pouvez imaginer un serveur comme un chef cuisinier dans un restaurant, qui prépare et distribue les plats aux clients (les ordinateurs et dispositifs du réseau) en fonction de leurs commandes.

Devenir un Expert IT

- **Virtualisation**
    - La virtualisation est une technologie qui permet de créer plusieurs environnements informatiques isolés sur un seul système physique, en utilisant des logiciels spécifiques appelés hyperviseurs. En effet, cela permet d'utiliser plus efficacement les ressources matérielles et de simplifier la gestion des systèmes.

     Pensez à la virtualisation comme à un immeuble d'appartements, où chaque appartement (environnement virtuel) est séparé et indépendant, bien qu'ils partagent tous le même bâtiment (système physique).

- **Système de fichiers**
    - Un système de fichiers est une méthode d'organisation, de stockage et de récupération des données sur un disque dur, une clé USB ou tout autre support de stockage. Il détermine la manière dont les fichiers sont nommés, stockés et organisés pour une gestion optimale des ressources.

     Imaginez un système de fichiers comme un grand classeur avec des dossiers et des sous-dossiers, où chaque document (fichier) est soigneusement rangé et étiqueté pour permettre une recherche et une récupération faciles.

Devenir un Expert IT

Ingénieur en cybersécurité

L'ingénieur en cybersécurité est un professionnel de l'informatique spécialisé dans la protection des systèmes informatiques, des réseaux et des données contre les menaces, les attaques et les vulnérabilités.

Leur rôle est crucial dans un monde de plus en plus numérique, où la confidentialité, la sécurité et la disponibilité des informations sont essentielles.

 ### Rôle et responsabilités

- Évaluer les risques et les vulnérabilités de l'infrastructure informatique et proposer des solutions pour les atténuer.
- Concevoir, mettre en œuvre et maintenir des politiques et des procédures de sécurité.
- Surveiller et analyser les événements de sécurité pour détecter et prévenir les intrusions.
- Répondre aux incidents de sécurité et mener des enquêtes pour identifier les causes et les mesures correctives.
- Effectuer des tests de pénétration et des audits de sécurité pour garantir la conformité aux réglementations et aux normes de l'industrie.
- Former les employés aux bonnes pratiques de sécurité et sensibiliser à la cybersécurité.

Devenir un Expert IT

 ## Compétences requises

- Solides connaissances en matière de sécurité informatique, de réseaux et de systèmes.
- Maîtrise des principes et des pratiques de cryptographie.
- Connaissance des normes et des réglementations en matière de cybersécurité (ISO 27001, RGPD, etc.).
- Expérience avec les outils et les technologies de sécurité, tels que les pare-feu, les systèmes de détection et de prévention des intrusions (IDS/IPS), les antivirus et les solutions de protection des données.
- Compétences en programmation et en scripting (Python, Bash, PowerShell, etc.).
- Capacité à analyser et à résoudre les problèmes de sécurité complexes.
- Excellentes compétences en communication et en travail d'équipe.

 ## Salaires

- **Débutant** : Autour de 40 000 euros par an
- **Professionnel expérimenté** : Jusqu'à 70 000 euros par an.

Devenir un Expert IT

 Termes techniques

- **Cryptographie**
  - La cryptographie est une technique de sécurisation des informations et des communications en les transformant en un code secret, de sorte qu'elles ne puissent être comprises que par les personnes autorisées à y accéder.

   Imaginez la cryptographie comme un code secret entre deux amis, où ils échangent des messages codés que seuls eux peuvent déchiffrer grâce à une clé spéciale.

- **Pare-feu (Firewall)**
  - Un pare-feu est un dispositif ou un logiciel de sécurité qui surveille et contrôle le trafic réseau entrant et sortant selon des règles prédéterminées. **Il sert de barrière entre un réseau interne sécurisé et un réseau externe non sécurisé, comme Internet.**

   Vous pouvez comparer un pare-feu à un portier dans un immeuble, qui vérifie l'identité des visiteurs avant de les laisser entrer ou sortir, en fonction des règles établies.

- **Authentification à deux facteurs (2FA)**
  - L'authentification à deux facteurs est une méthode de vérification de l'identité d'un utilisateur en exigeant deux éléments distincts, généralement quelque chose que l'utilisateur connaît (comme un mot de passe) et quelque chose que l'utilisateur possède (comme un code temporaire envoyé à un téléphone portable).

   Imaginez la 2FA comme un coffre-fort avec deux serrures différentes : pour ouvrir le coffre, vous devez d'abord déverrouiller les deux serrures, ce qui renforce la sécurité en rendant plus difficile l'accès non autorisé.

Devenir un Expert IT

Ingénieur Cloud

L'ingénieur Cloud est un professionnel de l'informatique spécialisé dans la conception, la mise en œuvre et la gestion des services et des infrastructures informatiques basées sur le cloud.

Ce rôle est de plus en plus important à mesure que de nombreuses entreprises migrent vers des solutions de cloud computing pour bénéficier de la flexibilité, de l'évolutivité et des économies de coûts associées.

 Rôle et responsabilités

- Évaluer les besoins en informatique de l'entreprise et recommander des solutions de cloud computing adaptées.
- Concevoir, déployer et gérer les services et les infrastructures cloud, en utilisant des plateformes telles qu'Amazon Web Services (AWS), Microsoft Azure ou Google Cloud Platform (GCP).
- Assurer la sécurité, la performance et la disponibilité des applications et des données hébergées dans le cloud.
- Collaborer avec les autres membres de l'équipe informatique pour intégrer les services cloud aux systèmes existants.

Devenir un Expert IT

- Mettre en place et maintenir des systèmes de surveillance et d'alerte pour détecter et résoudre les problèmes liés au cloud.

- Fournir un support technique aux utilisateurs finaux et aider à résoudre les problèmes liés aux services cloud.

- Se tenir informé des dernières tendances et des meilleures pratiques en matière de cloud computing.

 ## Compétences requises

- Connaissance approfondie des plateformes et des services de cloud computing, tels qu'AWS, Azure ou GCP.

- Expérience dans la conception, le déploiement et la gestion d'infrastructures et d'applications basées sur le cloud.

- Compréhension des concepts de virtualisation, de conteneurisation et d'orchestration, tels que Docker et Kubernetes.

- Maîtrise des langages de programmation et de script, tels que Python, Java, JavaScript ou PowerShell.

- Connaissance des principes de sécurité, de mise en réseau et d'architecture applicative dans un environnement cloud.

 ## Salaires

- En France, **le salaire moyen d'un ingénieur Cloud débutant** se situe autour de 40 000 euros par an.
- Tandis qu'un **professionnel expérimenté** peut gagner jusqu'à 60 000 euros par an ou plus.

Devenir un Expert IT

 Termes techniques

- **Infrastructure as a Service (IaaS)**
  - L'Infrastructure as a Service est un modèle de services cloud qui fournit aux utilisateurs des ressources informatiques virtualisées sur Internet. Les fournisseurs d'IaaS mettent à disposition des serveurs, du stockage, des réseaux et d'autres ressources matérielles nécessaires pour exécuter et gérer des applications et des services.

     Pensez à l'IaaS comme à un immeuble d'appartements : vous louez un espace (les ressources informatiques) sans avoir à acheter et entretenir l'ensemble du bâtiment (l'infrastructure).

- **Élasticité du cloud**
  - L'élasticité du cloud est la capacité d'un système cloud à s'adapter rapidement et automatiquement aux fluctuations de la demande en ressources informatiques. **Cela permet aux entreprises de gérer les pics de trafic et d'éviter les surcharges,** sans avoir à investir dans des ressources supplémentaires.

     Imaginez l'élasticité du cloud comme un élastique : il peut se contracter ou se dilater en fonction de la force exercée, permettant ainsi d'absorber les variations de demande.

- **La conteneurisation**
  - La conteneurisation est une méthode de virtualisation légère qui permet d'encapsuler une application et toutes ses dépendances dans un conteneur isolé, qui peut être déployé et exécuté de manière cohérente sur différentes plateformes et environnements. **Les conteneurs garantissent que l'application fonctionne correctement, quelle que soit l'infrastructure sous-jacente.**

     Vous pouvez comparer la conteneurisation à une boîte à lunch : elle permet d'organiser et de transporter tous les éléments nécessaires pour un repas, sans que les ingrédients ne se mélangent ou ne se détériorent, quel que soit l'endroit où vous les emportez.

Devenir un Expert IT

Ingénieur DevOps

L'ingénieur DevOps est un professionnel de l'informatique qui travaille à l'intersection du développement logiciel et des opérations informatiques.

Il est chargé d'optimiser la collaboration entre les équipes de développement et d'exploitation, en mettant en œuvre des pratiques et des outils qui favorisent l'intégration continue, le déploiement rapide et la qualité du logiciel.

 ## Rôle et responsabilités

- Mettre en place et maintenir des pipelines d'intégration continue (CI) et de déploiement continu (CD) pour automatiser le processus de développement, de test et de déploiement des logiciels.

- Collaborer avec les équipes de développement et d'exploitation pour identifier les problèmes de performance et de fiabilité et les résoudre rapidement.

- Améliorer les processus de développement et d'exploitation en intégrant de nouveaux outils et technologies, tels que Docker, Kubernetes, Jenkins et Git.

- Monitorer les applications et les infrastructures pour détecter et résoudre les problèmes de performance, de sécurité et de disponibilité.

Devenir un Expert IT

- Assurer la documentation et le partage des meilleures pratiques DevOps au sein de l'organisation.
- Participer à la planification et à l'exécution de projets informatiques, en travaillant en étroite collaboration avec les autres membres de l'équipe.

 ## Compétences requises

- Connaissance approfondie des principes, des pratiques et des outils DevOps, tels que l'intégration continue, le déploiement continu, la gestion des configurations et le monitoring.
- Expérience dans l'utilisation d'outils d'automatisation, tels que Jenkins, Git, Docker et Kubernetes.
- Maîtrise des langages de programmation et de script, tels que Python, Java, JavaScript ou Ruby.
- Compréhension des concepts de sécurité, de mise en réseau et d'architecture applicative.
- Capacité à travailler en équipe et à communiquer efficacement avec les développeurs, les administrateurs système et les autres parties prenantes.

 ## Salaires

- **Débutant :** Autour de 40 000 euros par an.
- **Professionnel expérimenté :** Jusqu'à 60 000 euros par an ou plus...

Devenir un Expert IT

 Termes techniques

- **Intégration continue (CI)**
  - L'intégration continue est une pratique de développement logiciel qui consiste à fusionner fréquemment les modifications de code dans un référentiel central, puis à exécuter des tests automatisés afin de détecter les problèmes dès que possible. **Cela permet de réduire les erreurs et d'accélérer la livraison de nouvelles fonctionnalités.**

     Imaginez l'intégration continue comme une chaîne de montage : chaque pièce ajoutée (modification de code) est immédiatement testée et ajustée si nécessaire, assurant ainsi un produit final de qualité et fonctionnel.

- **Déploiement continu (CD)**
  - Le déploiement continu est une pratique qui consiste à automatiser la livraison de modifications de code, des tests à la production, en passant par différentes étapes d'assurance qualité. **Cette approche permet de minimiser les erreurs humaines**, d'accélérer le processus de déploiement et de fournir des mises à jour plus rapidement aux utilisateurs.

     Le déploiement continu peut être comparé à un tapis roulant dans un aéroport : les bagages (le code) sont acheminés rapidement et efficacement vers leur destination finale (la production), sans intervention manuelle.

- **Infrastructure as Code (IaC)**
  - L'Infrastructure as Code est une méthode qui permet de gérer et de provisionner les ressources informatiques à l'aide de fichiers de configuration lisibles par l'homme et versionnés. Les développeurs et les opérationnels peuvent ainsi décrire l'infrastructure souhaitée et automatiser sa création et sa maintenance.

     L'IaC peut être comparée à une recette de cuisine : elle décrit les ingrédients et les étapes nécessaires pour préparer un plat, de sorte que n'importe qui peut suivre lesvinstructions et obtenir le même résultat, garantissant ainsi la cohérence et la répétabilité.

Devenir un Expert IT

Chef de projet informatique

Le chef de projet informatique est responsable de la planification, de l'exécution et de la clôture de projets informatiques.

Ils travaillent en étroite collaboration avec les équipes de développement, les clients et les parties prenantes pour garantir que les projets soient livrés dans les délais et le budget impartis, tout en respectant les exigences et les objectifs fixés.

 Rôle et responsabilités

- Définir les objectifs, les exigences et les jalons du projet en collaboration avec les clients et les parties prenantes.
- Élaborer un plan de projet détaillé, en tenant compte des ressources, des contraintes de temps et de budget.
- Coordonner et superviser les équipes de développement, en veillant à ce qu'elles respectent les exigences et les délais du projet.
- Gérer les risques et les problèmes potentiels, en proposant et en mettant en œuvre des solutions pour minimiser leur impact.
- Communiquer régulièrement avec les clients et les parties prenantes pour les tenir informés de l'avancement du projet.

Devenir un Expert IT

- Assurer la qualité des livrables du projet et s'assurer qu'ils répondent aux attentes des clients.
- Clôturer le projet et réaliser une analyse post-mortem pour identifier les leçons apprises et les améliorations à apporter aux futurs projets.

 ## Compétences requises

- Solides compétences en gestion de projet, notamment en planification, en suivi et en gestion des risques.
- Connaissance des méthodologies de gestion de projet, telles que Agile, Scrum ou Waterfall.
- Bonne compréhension des technologies et des processus informatiques, ainsi que de la manière dont elles s'intègrent dans les projets.
- Excellentes compétences en communication et en gestion des relations avec les clients et les parties prenantes.
- Capacité à gérer plusieurs projets simultanément et à hiérarchiser les tâches en fonction des priorités.
- Aptitude à la résolution de problèmes et à la prise de décision.
- Leadership et compétences en gestion d'équipe.

 ## Salaires

- **Débutant :** Autour de 40 000 euros par an.
- **Professionnel expérimenté :** Jusqu'à 70 000 euros par an ou plus…

 Termes techniques

- **Gestion des parties prenantes**
  - La gestion des parties prenantes est l'ensemble des activités visant à identifier, à communiquer et à travailler avec tous les individus et groupes ayant un intérêt dans le projet informatique. **Cela inclut la compréhension de leurs besoins, la résolution de leurs problèmes et la gestion de leurs attentes.**

     Pensez à la gestion des parties prenantes comme un chef d'orchestre qui dirige les musiciens : il doit s'assurer que chaque membre de l'orchestre (partie prenante) est synchronisé et joue en harmonie pour créer une belle musique (réussite du projet).

- **Planification du projet**
  - La planification du projet consiste à déterminer les objectifs, les livrables, les ressources, les coûts et le calendrier d'un projet informatique. **Cette étape est cruciale pour assurer la réussite du projet et pour éviter les surprises en cours de réalisation.**

     La planification du projet peut être comparée à la construction d'une maison : avant de commencer à construire, il est nécessaire de définir les plans, les matériaux, le budget et le délai de réalisation pour garantir une construction réussie et conforme aux attentes.

- **Méthodologies de gestion de projet**
  - Les méthodologies de gestion de projet sont des approches structurées et organisées pour gérer et contrôler les projets informatiques. **Il en existe plusieurs, comme la méthode traditionnelle en cascade (Waterfall) ou les approches agiles (Scrum, Kanban), qui ont des caractéristiques et des avantages spécifiques en fonction des besoins du projet.**

     Les méthodologies de gestion de projet peuvent être comparées à des routes différentes pour atteindre une destination : certaines sont plus directes, d'autres plus sinueuses, mais chacune a ses propres avantages et inconvénients en fonction du type de voyage et des conditions rencontrées.

Devenir un Expert IT

Consultant en informatique

Le consultant en informatique est un professionnel qui offre des conseils et des services d'expertise aux entreprises et aux organisations dans le domaine des technologies de l'information (IT).

Ils aident à déterminer les besoins informatiques, à concevoir et à mettre en œuvre des solutions informatiques, mais également à optimiser les performances des systèmes et des réseaux.

Leur rôle peut varier en fonction du secteur d'activité, de la taille de l'entreprise et des projets sur lesquels ils travaillent.

 ### Rôle et responsabilités

- Analyser les besoins et les problèmes informatiques des clients pour proposer des solutions adaptées.
- Concevoir, développer et mettre en œuvre des solutions informatiques, notamment des logiciels, des systèmes et des réseaux.
- Fournir des conseils et des recommandations sur les meilleures pratiques, les nouvelles technologies et les tendances du marché.
- Assister et former les utilisateurs finaux sur l'utilisation des systèmes et des logiciels.

Devenir un Expert IT

- Collaborer avec les équipes internes et externes pour garantir la mise en œuvre réussie des projets informatiques.
- Assurer la maintenance et le support des solutions informatiques mises en place.

 ## Compétences requises

- Solide connaissance des technologies de l'information et des systèmes informatiques.
- Maîtrise des langages de programmation, des systèmes d'exploitation et des protocoles réseau.
- Capacité à analyser les problèmes informatiques et à concevoir des solutions efficaces.
- Excellentes compétences en communication et en présentation pour expliquer les concepts techniques aux clients et aux parties prenantes non techniques.
- Capacité à travailler en équipe et à gérer des projets informatiques complexes.

 ## Salaires

- **Débutant :** Autour de 25 000 euros par an.
- **Professionnel expérimenté :** Jusqu'à 60 000 euros par an ou plus…

Devenir un Expert IT

 Termes techniques

- **Analyse des besoins**
  - L'analyse des besoins consiste à identifier et à comprendre les exigences et les attentes des clients en matière de systèmes informatiques, d'applications ou de processus. Le consultant en informatique doit poser les bonnes questions, écouter attentivement et clarifier les informations pour déterminer les meilleures solutions.

     Pensez à l'analyse des besoins comme un médecin qui pose des questions à un patient pour déterminer le bon diagnostic : les informations recueillies permettent de prescrire le traitement le plus adapté et efficace.

- **Implémentation de solutions**
  - L'implémentation de solutions se réfère au processus de conception, de développement et de déploiement de systèmes informatiques, de logiciels ou de services pour répondre aux besoins des clients. Le consultant en informatique doit travailler en étroite collaboration avec les équipes techniques et les clients pour s'assurer que les solutions développées répondent aux exigences et sont mises en œuvre correctement.

     Imaginez l'implémentation de solutions comme un chef cuisinier qui prépare un repas : il doit suivre une recette (les exigences du client), utiliser les bons ingrédients (les technologies appropriées) et s'assurer que le plat final est savoureux et satisfait les convives (les clients).

- **Formation et support**
  - La formation et le support sont des éléments clés du rôle de consultant en informatique, qui consiste à aider les clients à comprendre et à utiliser les solutions développées. Les consultants doivent être capables de fournir des instructions claires, de répondre aux questions et d'offrir une assistance continue pour assurer la réussite de l'implémentation.

     Pensez à la formation et au support comme un entraîneur sportif qui enseigne aux joueurs de nouvelles techniques et stratégies : il doit expliquer clairement les concepts, démontrer les bonnes pratiques et soutenir les joueurs pour qu'ils puissent maîtriser leurs compétences et gagner des matchs.

Devenir un Expert IT

Gestionnaire de bases de données (DBA)

Le gestionnaire de bases de données (DBA, Database Administrator) est un professionnel de l'informatique spécialisé dans la gestion, la maintenance, la sécurité et l'optimisation des bases de données au sein d'une organisation.

Ils veillent à ce que les données soient stockées de manière efficace et sécurisée, tout en garantissant un accès rapide et fiable aux informations pour les utilisateurs concernés.

 ## Rôle et responsabilités

- Concevoir et mettre en place des bases de données en fonction des besoins des utilisateurs et des applications.

- Assurer la maintenance, l'optimisation et la sécurité des bases de données pour garantir leur bon fonctionnement et leur performance.

- Mettre en place des procédures de sauvegarde et de restauration des données en cas de perte ou de corruption des données.

- Collaborer avec les développeurs et les autres professionnels de l'informatique pour intégrer les bases de données aux applications et aux systèmes.

Devenir un Expert IT

- Fournir un support technique aux utilisateurs finaux pour résoudre les problèmes liés aux bases de données.

- Assurer la conformité aux réglementations en matière de protection des données et de confidentialité.

 ## Compétences requises

- Solide connaissance des systèmes de gestion de bases de données (SGBD) tels que MySQL, PostgreSQL, Oracle, SQL Server, etc.

- Maîtrise des langages de requête de bases de données, tels que SQL.

- Compréhension des concepts de conception de bases de données et de modélisation des données.

- Capacité à analyser et à résoudre les problèmes liés aux bases de données et à leur performance.

- Connaissance des principes de sécurité et des réglementations en matière de protection des données.

 ## Salaires

- **Débutant :** Autour de 35 000 euros par an.
- **Professionnel expérimenté :** Jusqu'à 55 000 euros par an ou plus...

Termes techniques

- **Modélisation des données**
  - La modélisation des données consiste à créer des structures pour stocker et organiser les informations d'une manière logique et efficace. Le gestionnaire de bases de données doit déterminer la meilleure façon d'organiser les données pour répondre aux besoins de l'entreprise et optimiser les performances du système.

  > *Pensez à la modélisation des données comme un architecte qui conçoit les plans d'une maison : il doit trouver la meilleure disposition des pièces pour créer un espace fonctionnel et esthétique qui répond aux besoins des habitants.*

- **Optimisation des performances**
  - L'optimisation des performances est le processus d'amélioration de la vitesse, de l'efficacité et de la fiabilité d'un système de base de données. Le gestionnaire de bases de données doit surveiller et analyser les performances du système, identifier les goulots d'étranglement et apporter des améliorations pour garantir un fonctionnement optimal.

  > *Imaginez l'optimisation des performances comme un mécanicien qui ajuste et répare un véhicule : il doit identifier les problèmes, effectuer des réglages et des réparations pour que la voiture roule aussi vite et aussi efficacement que possible.*

- **Sauvegarde et récupération des données**
  - La sauvegarde et la récupération des données sont des processus essentiels pour garantir la sécurité et la disponibilité des informations stockées dans une base de données. Le gestionnaire de bases de données doit mettre en place des stratégies de sauvegarde régulières pour protéger les données contre les pertes et les dommages, et être capable de restaurer rapidement les informations en cas de problème.

  > *Pensez à la sauvegarde et à la récupération des données comme un pompier qui protège un bâtiment : il doit être prêt à intervenir rapidement en cas d'incendie pour éteindre les flammes et sauver les objets précieux à l'intérieur.*

Devenir un Expert IT

Développeur de logiciels

Le développeur de logiciels est un professionnel spécialisé dans la conception, la création et la maintenance de logiciels et d'applications informatiques.

Ce métier est essentiel dans le monde de l'informatique, car les développeurs créent les programmes qui permettent aux utilisateurs d'accomplir diverses tâches sur leurs ordinateurs, smartphones et autres appareils électroniques.

 ## Rôle et responsabilités

- Analyser les besoins des utilisateurs et concevoir des solutions logicielles adaptées.

- Écrire, tester et déboguer le code source du logiciel.

- Collaborer avec les autres membres de l'équipe de développement, les chefs de projet et les utilisateurs finaux pour améliorer la qualité et l'efficacité des logiciels.

- Assurer la maintenance et les mises à jour des logiciels existants.

- Rester informé des nouvelles technologies et des meilleures pratiques de développement pour optimiser le processus de création de logiciels.

Devenir un Expert IT

 ## Compétences requises

- La maîtrise des langages de programmation tels que Java, C++, Python, PHP, ou JavaScript.
- La connaissance des systèmes de gestion de bases de données, tels que MySQL ou PostgreSQL.
- Une bonne compréhension des principes de l'ingénierie logicielle et de l'architecture des systèmes.
- La capacité à résoudre des problèmes complexes et à penser de manière analytique.
- D'excellentes compétences en communication et en travail d'équipe pour collaborer avec les autres membres du projet.

 ## Salaires

- **Débutant :** Autour de 30 000 euros par an.
- **Professionnel expérimenté :** Jusqu'à 60 000 euros par an ou plus…

 ## Termes techniques

- **Algorithmes**
  - Les algorithmes sont des ensembles d'instructions ou de règles pour résoudre un problème ou effectuer une tâche spécifique. **Les développeurs de logiciels créent et mettent en œuvre des algorithmes pour que les programmes informatiques fonctionnent efficacement et atteignent les objectifs souhaités.**

Devenir un Expert IT

Pensez aux algorithmes comme à des recettes de cuisine : ils fournissent des étapes détaillées pour préparer un plat délicieux et réussi.

- **Débogage**
    - Le débogage est le processus d'identification et de résolution des erreurs ou des problèmes dans un programme informatique. Les développeurs de logiciels doivent souvent déboguer leur code pour s'assurer que le logiciel fonctionne correctement et qu'il répond aux attentes des utilisateurs.

Imaginez le débogage comme un détective qui enquête sur un mystère : il doit rassembler des indices, poser des questions et résoudre des énigmes pour résoudre l'affaire.

- **Tests unitaires**
    - Les tests unitaires sont une méthode de vérification de la qualité du code en testant individuellement chaque composant ou unité de fonctionnalité d'un programme informatique. Les développeurs de logiciels utilisent les tests unitaires pour s'assurer que chaque partie du code fonctionne correctement avant de l'intégrer au logiciel dans son ensemble.

Pensez aux tests unitaires comme à un contrôle qualité dans une chaîne de montage : chaque pièce est inspectée et testée pour s'assurer qu'elle fonctionne correctement avant d'être assemblée dans le produit final.

Devenir un Expert IT

Développeur / Programmeur (Front-end, Back-end, Full-stack)

Selon leur spécialisation, ils peuvent travailler sur le front-end (partie visible de l'application, c'est-à-dire l'interface utilisateur), le back-end (partie serveur et base de données) ou les deux en tant que développeur full-stack.

 ## Rôle et responsabilités

- Développeurs front-end : Ils sont responsables de la conception et de l'implémentation de l'interface utilisateur, en veillant à ce qu'elle soit attrayante, fonctionnelle et facile à utiliser. Ils travaillent généralement avec des langages tels que HTML, CSS et JavaScript.

- Développeurs back-end : Ils sont chargés de la création, de la gestion et de la maintenance des serveurs et des bases de données, en veillant à ce que les données soient stockées et accessibles de manière sécurisée et efficace. Ils travaillent avec des langages de programmation tels que Python, Ruby, PHP, Java ou C#.

- Développeurs full-stack : Ils ont des compétences à la fois en front-end et en back-end, ce qui leur permet de travailler sur l'ensemble du projet, de la conception de l'interface utilisateur à la gestion des serveurs et des bases de données.

Devenir un Expert IT

 ## Compétences requises

- Maîtrise des langages de programmation pertinents (HTML, CSS, JavaScript pour le front-end ; Python, Ruby, PHP, Java, C# pour le back-end).

- Connaissance des frameworks et des bibliothèques populaires (React, Angular, Vue pour le front-end ; Django, Ruby on Rails, Node.js pour le back-end).

- Compréhension des principes de conception et d'ergonomie pour les développeurs front-end.

- Connaissance des systèmes de gestion de bases de données (MySQL, PostgreSQL, MongoDB) pour les développeurs back-end.

- Bonnes compétences en communication et en travail d'équipe.

- Capacité à résoudre les problèmes et à s'adapter rapidement aux nouvelles technologies.

 ## Salaires

- **Débutant :** Autour de 35 000 euros par an.
- **Professionnel expérimenté :** Jusqu'à 60 000 euros par an ou plus…

 ## Termes techniques

- **Front-end**
    - Le développement front-end concerne la création et la gestion des éléments visuels et interactifs d'une application ou d'un site web. **Les développeurs front-end se concentrent sur l'apparence, la convivialité et l'expérience utilisateur.**

Devenir un Expert IT

 Pensez au front-end comme à la vitrine d'une boutique : il présente les produits et les services de manière attrayante et accueillante pour inciter les clients à entrer et interagir avec la marque.

- **Back-end**
  - Le développement back-end traite des aspects non visibles d'une application ou d'un site web, tels que la logique métier, la gestion des données et la communication entre les serveurs et les bases de données. Les développeurs back-end s'occupent de l'infrastructure et des fonctionnalités qui permettent aux applications de fonctionner correctement.

 Imaginez le back-end comme la cuisine d'un restaurant : bien que les clients ne puissent pas la voir, c'est là que les chefs préparent les plats et les serveurs récupèrent les commandes pour les amener aux tables.

- **Full-stack**
  - Un développeur full-stack possède des compétences à la fois en développement front-end et back-end, ce qui lui permet de travailler sur l'ensemble du projet, de la conception à la mise en œuvre et à la maintenance.

 Les développeurs full-stack sont souvent comparés à des couteaux suisses, car ils ont une grande variété de compétences et peuvent s'adapter à différents aspects d'un projet en fonction des besoins.

Devenir un Expert IT

Développeurs de blockchain

Les développeurs de blockchains sont des professionnels spécialisés dans la création, le développement et la mise en œuvre de solutions basées sur la technologie de la blockchain.

Cette technologie émergente est souvent associée aux cryptomonnaies, mais son potentiel va bien au-delà, avec des applications possibles dans divers secteurs tels que la finance, la logistique, la gestion de la chaîne d'approvisionnement, et bien d'autres. Les développeurs de blockchain sont très recherchés en raison de l'essor de cette technologie et de son impact sur les entreprises.

 ## Rôle et responsabilités

- Concevoir et développer des architectures et des solutions basées sur la blockchain pour répondre aux besoins spécifiques des entreprises.

- Collaborer avec des équipes interdisciplinaires pour intégrer la technologie de la blockchain dans les systèmes existants.

- Évaluer et sélectionner les plateformes et les outils appropriés pour la mise en œuvre de solutions blockchain.

- Rédiger, tester et déployer des contrats intelligents (smart contracts) et des applications décentralisées (dApps).

Devenir un Expert IT

- Assurer la maintenance, le dépannage et l'optimisation des solutions blockchain développées.
- Veiller à la sécurité et à la confidentialité des données stockées sur la blockchain.
- Suivre les tendances et les évolutions technologiques dans le domaine de la blockchain pour rester à jour et proposer des améliorations.

 ## Compétences requises

- Solide maîtrise des langages de programmation tels que Solidity, JavaScript, Python, Go ou C++.
- Connaissance approfondie des concepts et des principes de la technologie de la blockchain, tels que la cryptographie, les consensus, les contrats intelligents et les réseaux décentralisés.
- Expérience pratique avec des plateformes et des outils blockchain tels qu'Ethereum, Hyperledger Fabric, Truffle, Remix ou autres.
- Bonne compréhension des protocoles de réseaux et des API.
- Capacité à travailler en équipe et à communiquer efficacement avec des collègues ayant des compétences et des antécédents variés.
- Capacité à apprendre rapidement et à s'adapter à un environnement en constante évolution.

 ## Salaires

- **Débutant :** Autour de 40 000 euros par an.
- **Professionnel expérimenté :** Jusqu'à 70 000 euros par an ou plus...

Devenir un Expert IT

Termes techniques

- **Blockchain**
  - Une blockchain est une base de données distribuée et sécurisée, utilisée pour enregistrer des transactions ou des données de manière transparente, immuable et vérifiable.

     Imaginez la blockchain comme un livre de comptes public, où chaque transaction est enregistrée et visible par tous, mais où il est pratiquement impossible de modifier ou de supprimer une transaction une fois qu'elle a été validée.

- **Smart Contract (Contrat intelligent)**
  - Un smart contract est un programme informatique autonome, qui s'exécute automatiquement sur la blockchain lorsqu'un ensemble de conditions prédéfinies est rempli.

     Pensez aux smart contracts comme à des distributeurs automatiques : une fois que vous avez inséré les pièces de monnaie et sélectionné le produit, le distributeur libère automatiquement le produit sans intervention humaine.

- **Consensus**
  - Le consensus est le processus par lequel les participants d'un réseau blockchain s'accordent sur la validité d'une transaction ou d'un bloc de données, garantissant ainsi l'intégrité et la sécurité de la blockchain.

     Le consensus peut être comparé à un vote lors d'une élection, où chaque membre du réseau exprime son opinion et la décision finale est prise en fonction de la majorité des votes.

Devenir un Expert IT

Data analyst

Le data analyst est un professionnel qui joue un rôle essentiel dans l'extraction, l'analyse et la présentation de données pour aider les organisations à prendre des décisions éclairées.

Ils travaillent avec des données structurées et non structurées pour identifier des tendances, des schémas et des informations précieuses qui peuvent être utilisées pour améliorer les performances, résoudre des problèmes ou guider la stratégie commerciale.

 ## Rôle et responsabilités

- Collecter, traiter et nettoyer des données provenant de différentes sources pour les préparer à l'analyse.

- Appliquer des méthodes statistiques et analytiques pour identifier des tendances, des modèles et des relations dans les données.

- Créer des rapports, des tableaux de bord et des visualisations pour présenter les résultats de manière compréhensible aux parties prenantes.

- Travailler en étroite collaboration avec d'autres équipes pour comprendre les besoins en matière d'analyse de données et fournir des informations exploitables.

Devenir un Expert IT

- Collaborer avec les data scientists et d'autres experts en données pour améliorer les processus d'analyse et développer de nouvelles approches.

 ### Compétences requises

- Bonne compréhension des concepts statistiques et des méthodes d'analyse de données.
- Maîtrise des outils et des langages de programmation couramment utilisés dans l'analyse de données, tels que SQL, Python, R, Excel, Tableau, etc.
- Capacité à travailler avec des ensembles de données volumineux et complexes, et à les préparer pour l'analyse.
- Solides compétences en communication pour expliquer et présenter les résultats de manière claire et compréhensible.
- Capacité à travailler en équipe et à collaborer avec d'autres professionnels de l'informatique et des données.

 ### Salaires

- **Débutant :** Autour de 35 000 euros par an.
- **Professionnel expérimenté :** Jusqu'à 60 000 euros par an ou plus…

	Termes techniques

- **Analyse de données**
    - L'analyse de données consiste à inspecter, nettoyer et interpréter des données brutes pour en tirer des informations utiles, des tendances ou des schémas.

         Pensez à l'analyse de données comme à une enquête policière où vous rassemblez des indices, étudiez les preuves et tirez des conclusions pour résoudre un mystère.

- **Visualisation de données**
    - La visualisation de données est la représentation graphique de l'information et des données, qui facilite la compréhension et la communication d'informations complexes.

         Imaginez la visualisation de données comme un tableau de bord de voiture, qui présente les informations les plus importantes (vitesse, niveau de carburant, etc.) de manière claire et visuellement attrayante pour aider le conducteur à prendre des décisions éclairées.

- **Apprentissage automatique (Machine Learning)**
    - L'apprentissage automatique est une méthode d'analyse de données qui permet aux ordinateurs d'apprendre et de prendre des décisions sans être explicitement programmés pour le faire.

         Pensez à l'apprentissage automatique comme à un bébé qui apprend à marcher : il observe son environnement, essaie différentes approches, apprend de ses erreurs et ajuste son comportement jusqu'à ce qu'il parvienne à marcher correctement. De même, un algorithme d'apprentissage automatique s'améliore au fur et à mesure qu'il est exposé à davantage de données.

Devenir un Expert IT

Data scientist

Le data scientist est un expert en analyse de données qui utilise des compétences avancées en statistiques, en programmation et en apprentissage automatique pour extraire des informations précieuses à partir de données complexes et volumineuses.

Ils aident les organisations à prendre des décisions stratégiques et à résoudre des problèmes en utilisant des modèles prédictifs, des algorithmes et des visualisations de données.

 ## Rôle et responsabilités

- Collecter, traiter et nettoyer des données provenant de différentes sources pour les préparer à l'analyse.

- Concevoir et mettre en œuvre des modèles prédictifs et des algorithmes d'apprentissage automatique pour résoudre des problèmes complexes et guider la prise de décisions.

- Évaluer et optimiser les performances des modèles et des algorithmes pour garantir leur précision et leur pertinence.

- Collaborer avec les data analysts, les ingénieurs en données et d'autres experts pour améliorer la qualité et la disponibilité des données.

- Communiquer les résultats de l'analyse et les recommandations aux parties prenantes de manière claire et compréhensible.

Devenir un Expert IT

 ### Compétences requises

- Solides compétences en statistiques, en apprentissage automatique et en analyse de données.
- Maîtrise des langages de programmation couramment utilisés dans le domaine des données, tels que Python, R, SQL, etc.
- Expérience avec des bibliothèques et des frameworks d'apprentissage automatique, tels que TensorFlow, scikit-learn, PyTorch, etc.
- Capacité à travailler avec des ensembles de données volumineux et complexes, et à les préparer pour l'analyse.
- Excellentes compétences en communication pour expliquer et présenter les résultats de manière claire et compréhensible.

 ### Salaires

- **Débutant :** Autour de 40 000 euros par an.
- **Professionnel expérimenté :** Jusqu'à 70 000 euros par an ou plus…

 ### Termes techniques

- **Big Data**
  - Le Big Data fait référence à des ensembles de données extrêmement volumineux et complexes qui dépassent les capacités des outils d'analyse de données traditionnels.

     Imaginez le Big Data comme un océan d'informations dans lequel les data scientists doivent naviguer pour trouver des trésors cachés (connaissances utiles) en utilisant des techniques et des outils avancés.

- **Modèles prédictifs**
  - Les modèles prédictifs sont des algorithmes utilisés par les data scientists pour anticiper les tendances, les comportements ou les événements futurs en se basant sur des données historiques.

     Pensez à un modèle prédictif comme une boule de cristal qui utilise des mathématiques et des statistiques pour prédire l'avenir avec une certaine probabilité.

- **Intelligence artificielle (IA)**
  - L'intelligence artificielle est une branche de l'informatique qui vise à créer des machines capables d'imiter l'intelligence humaine, y compris l'apprentissage, le raisonnement et la perception.

     Imaginez l'IA comme un robot qui apprend et s'adapte à son environnement, tout comme un être humain, pour résoudre des problèmes complexes et accomplir des tâches spécifiques. Les data scientists utilisent souvent des techniques d'IA, telles que l'apprentissage automatique et le traitement du langage naturel, pour analyser et interpréter les données.

Devenir un Expert IT

Ingénieur en intelligence artificielle / Machine Learning

L'ingénieur en intelligence artificielle (IA) et en Machine Learning (ML) est un spécialiste de l'informatique qui conçoit, développe et implémente des algorithmes et des systèmes capables d'apprendre et de s'adapter à partir de données et d'expériences.

Ils travaillent sur des projets variés, tels que la reconnaissance vocale, la vision par ordinateur, le traitement du langage naturel, la robotique et la prédiction des tendances, pour n'en nommer que quelques-uns.

 Rôle et responsabilités

- Analyser les problèmes complexes et concevoir des solutions basées sur l'IA et le ML pour répondre aux besoins spécifiques de l'entreprise ou du projet.

- Développer et implémenter des modèles de Machine Learning en utilisant des techniques d'apprentissage supervisé, non supervisé et semi-supervisé.

- Expérimenter et améliorer les algorithmes de ML pour optimiser les performances, la précision et la vitesse de traitement des données.

- Travailler en étroite collaboration avec les équipes de développement de logiciels, les data scientists et les autres experts techniques pour intégrer les solutions d'IA et de ML dans les produits et les services.

Devenir un Expert IT

- Assurer la maintenance et l'amélioration continue des modèles de ML en analysant les performances et en ajustant les paramètres selon les besoins.
- Rester informé des dernières avancées en matière d'IA et de ML et explorer de nouvelles méthodes et technologies pour améliorer les solutions existantes.

 ## Compétences requises

- Solides compétences en programmation, notamment dans des langages tels que Python, R, Java ou C++.
- Connaissance approfondie des principes, des techniques et des outils de Machine Learning et d'intelligence artificielle, tels que les réseaux de neurones, les arbres de décision, le clustering et la régression.
- Expérience avec des bibliothèques et des frameworks de ML tels que TensorFlow, Keras, PyTorch, scikit-learn ou XGBoost.
- Compréhension des concepts de base en mathématiques, en statistiques et en traitement de données.
- Capacité à travailler en équipe et à communiquer efficacement avec les autres membres de l'équipe et les parties prenantes.
- Curiosité intellectuelle et capacité à apprendre rapidement de nouvelles technologies et méthodes.

 ## Salaires

- **Débutant :** Autour de 45 000 euros par an.
- **Professionnel expérimenté :** Jusqu'à 70 000 euros par an ou plus…

Devenir un Expert IT

 Termes techniques

- **Apprentissage supervisé**
    - L'apprentissage supervisé est une méthode d'apprentissage automatique dans laquelle les algorithmes sont entraînés à l'aide de données étiquetées, c'est-à-dire des données dont les résultats souhaités sont déjà connus.

     Imaginez l'apprentissage supervisé comme un enseignant qui guide un élève en lui montrant des exemples précis et en corrigeant ses erreurs, pour qu'il puisse faire des prédictions correctes dans de nouvelles situations similaires.

- **Réseaux de neurones**
    - Les réseaux de neurones sont des modèles informatiques inspirés du fonctionnement du cerveau humain et sont utilisés pour reconnaître des modèles complexes ou pour résoudre des problèmes qui nécessitent une grande flexibilité et une adaptation rapide.

     Imaginez un réseau de neurones comme un groupe de personnes qui travaillent ensemble pour résoudre un problème, chaque personne représentant un "neurone" qui traite une partie spécifique de l'information et communique avec les autres "neurones" pour arriver à une solution.

- **Apprentissage par renforcement**
    - L'apprentissage par renforcement est une méthode d'apprentissage automatique dans laquelle les agents apprennent à prendre des décisions en interagissant avec leur environnement et en recevant des récompenses ou des punitions en fonction de leurs actions.

     Le consensus peut être comparé à un vote lors d'une élection, où chaque membre du réseau exprime son opinion et la décision finale est prise en fonction de la majorité des votes.

La formation professionnelle

Dans le domaine de la formation, il existe aujourd'hui trois principales approches pour se former et acquérir de nouvelles compétences.

En guise d'introduction, nous allons vous présenter brièvement ces trois types de formation, qui répondent à des besoins et des contraintes

 1. Formations traditionnelles et accélérées en présentiel
Offrent un contact direct avec les formateurs et les autres apprenants.
Elles permettent d'avoir des échanges en face-à-face.

 2. Écoles de formation longue sur plusieurs mois
Proposent un parcours plus complet, généralement axé sur l'acquisition de compétences solides dans un domaine précis.

Devenir un Expert IT

3. Formations 100% en ligne
Offrent une flexibilité et une accessibilité sans précédent. Elles permettent de se former à son rythme, depuis n'importe où et souvent à moindre coût.

 Il est important de choisir la méthode de formation qui correspond le mieux à vos besoins, vos contraintes et vos objectifs professionnels.

Formations traditionnelles en présentiel

 Les formations traditionnelles et accélérées en présentiel, bien qu'elles puissent convenir à certains domaines, ne sont pas toujours adaptées au secteur de l'informatique.

Mon expérience personnelle et mon avis sur ce type de formation ne sont clairement pas positifs, et je vais vous expliquer pourquoi.

Ces formations, généralement très condensées et d'une durée de 5 à 10 jours, sont souvent proposées par des organismes qui excellent en marketing plutôt qu'en pédagogie.

Leurs programmes tentent de couvrir une quantité considérable de contenus en un temps très limité, ce qui se traduit souvent par un survol des sujets sans rentrer dans les détails.

Le manque de temps consacré à chaque chapitre et l'absence d'exercices pratiques rendent ces formations peu adaptées au domaine de l'informatique, où la pratique et la maîtrise des détails sont cruciales pour bien comprendre et mettre en œuvre les concepts.

Devenir un Expert IT

J'ai moi-même vécu cette expérience lors de ma route vers la certification CCNA. J'ai été confronté à des formations où les cours étaient condensés en quelques jours, sans laisser le temps d'approfondir les sujets ni de s'exercer sur des cas pratiques.

> *Dans le domaine de l'IT, cela peut s'avérer problématique et mener à une déformation plutôt qu'à une formation solide.*

En résumé, les formations traditionnelles et accélérées en présentiel présentent de nombreux inconvénients dans le domaine de l'informatique.

Il est donc préférable d'envisager d'autres solutions mieux adaptées à ce secteur, comme celles que nous allons voir juste en dessous !

Écoles de formation longue durée

 Les formations en écoles de longue durée présentent de nombreux avantages, particulièrement pour les personnes en reconversion professionnelle ou celles qui disposent de temps pour se consacrer pleinement à leur apprentissage.

En effet, ce type de formation permet une immersion totale dans le métier, en offrant la possibilité d'apprendre et de pratiquer les concepts enseignés de manière approfondie.

De plus, évoluer au sein d'un groupe de personnes partageant les mêmes objectifs et la même passion pour le domaine d'étude crée un environnement stimulant et propice aux échanges. Cette dynamique favorise l'entraide et le partage d'expériences, tout en permettant de développer un réseau professionnel.

Devenir un Expert IT

Généralement, les formations en écoles de longue durée s'étendent sur une période de 6 mois à 1 an. Cette durée offre suffisamment de temps pour assimiler les connaissances théoriques, mais également pour les mettre en pratique à travers des projets, des ateliers ou des exercices concrets.

De plus, ces formations incluent souvent un stage en entreprise, permettant aux apprenants de gagner en expérience professionnelle et d'enrichir leur CV. Cette immersion dans le monde du travail facilite la transition vers le marché de l'emploi et peut même déboucher sur une embauche.

En conclusion, les formations en école de longue durée sont une excellente option pour les personnes en reconversion professionnelle ou celles ayant suffisamment de disponibilités pour se consacrer pleinement à leur apprentissage.

En effet, elles offrent un cadre propice à l'acquisition de compétences solides et à la préparation à une intégration réussie dans le monde du travail.

 Alors, attention ! Je tiens à préciser que pour tirer pleinement profit des avantages mentionnés précédemment, il est préférable de choisir une formation longue durée 100% en présentiel plutôt qu'en distanciel.

En effet, les formations à distance peuvent engendrer un sentiment d'isolement et diminuer la motivation des apprenants, en particulier lorsque ceux-ci se retrouvent face à une classe en présentiel.

Les outils et les conditions d'apprentissage en distanciel ne favorisent pas toujours les interactions et l'entraide entre les participants, ce qui peut nuire grandement à l'expérience d'apprentissage.

 Ainsi, pour bénéficier pleinement des atouts des formations en école de longue durée, je vous recommande fortement de privilégier les formations 100% en présentiel.

Devenir un Expert IT

Formations 100% en ligne

 **Les formations 100% en ligne présentent de nombreux avantages pour les personnes souhaitant se former dans le domaine de l'informatique.**
C'est grâce à ce type de formation, que je réussis constamment à atteindre mes objectifs professionnels.

Voici quelques-uns des principaux atouts de ce type de formation :

- **FLEXIBILITÉ :**

Les formations en ligne offrent une grande flexibilité en termes d'horaires et de lieux d'apprentissage.
Les apprenants peuvent étudier à leur rythme, en fonction de leurs contraintes personnelles et professionnelles, ce qui est particulièrement intéressant pour ceux qui ont des emplois du temps chargés ou qui ne peuvent pas se déplacer facilement.

- **ACCESSIBILITÉ :**

 **Les formations en ligne sont accessibles à tous, quel que soit leur lieu de résidence.**
Ainsi, les apprenants n'ont pas besoin de déménager ou de se rendre dans une école spécifique pour suivre leur formation, ce qui peut réduire les coûts liés au transport et au logement.

Devenir un Expert IT

- **COÛT :**

Souvent, les formations en ligne sont moins coûteuses que les formations en présentiel, car elles ne nécessitent pas de locaux ni d'équipements spécifiques.
De plus, les frais de déplacement et d'hébergement sont inexistants.

- **RICHESSE DES RESSOURCES :**

Les formations en ligne offrent une multitude de ressources pédagogiques (vidéos, articles, tutoriels, forums, etc.) qui sont facilement accessibles et souvent mises à jour régulièrement.
Les apprenants peuvent ainsi approfondir leurs connaissances et échanger avec d'autres personnes partageant les mêmes centres d'intérêt.

- **ADAPTABILITÉ :**

Les formations en ligne peuvent être adaptées en fonction des besoins spécifiques de chaque apprenant, leur permettant de se concentrer sur les domaines qui les intéressent le plus ou sur ceux dans lesquels ils rencontrent des difficultés.

- **MISE EN PRATIQUE IMMÉDIATE :**

Les formations en ligne permettent souvent de mettre en pratique les compétences acquises grâce à des exercices et des projets concrets, ce qui facilite l'application des connaissances dans un contexte professionnel.

Devenir un Expert IT

- **SUPPORT FORMATEUR :**

 **Les apprenants peuvent poser des questions à leur formateur et recevoir des réponses pertinentes et adaptées à leurs besoins.**
Ces échanges peuvent se faire sous forme de messages écrits, souvent illustrés pour faciliter la compréhension, ou même sous forme de vidéos lorsque les explications nécessitent une démonstration pratique.

 Le soutien pédagogique personnalisé qu'offre l'apprentissage 100% en ligne permet aux apprenants de progresser efficacement et de surmonter les obstacles qu'ils peuvent rencontrer tout au long de leur formation.

 Cependant, il est important de noter que les formations 100% en ligne nécessitent une certaine discipline et une bonne organisation pour réussir. Les apprenants doivent être capables de travailler de manière autonome et de rester motivés tout au long de la formation.

Les types de financement

Dans le cadre d'un projet de formation professionnelle, il est essentiel de prendre en compte les différentes options de financement disponibles pour vous aider à réaliser vos objectifs.

Plusieurs dispositifs et organismes peuvent vous accompagner dans le financement de votre formation, en fonction de votre statut, de votre parcours et de vos besoins.

Parmi ces moyens de financement, on retrouve :

- ⇨ **Le Compte Personnel de Formation (CPF)**
- ⇨ **Le Plan de Développement des Compétences (PDC)**
- ⇨ **Le financement par Pôle Emploi**
- ⇨ **Les dispositifs pour les travailleurs indépendants**
- ⇨ **Ainsi que les aides proposées par les régions ou les entreprises**

Devenir un Expert IT

Compte Personnel de Formation (CPF)

 Le Compte Personnel de Formation (CPF) est un dispositif bien connu permettant de financer des formations pour les actifs d'au moins 16 ans.

Les salariés et travailleurs indépendants accumulent des droits chaque année (500 ou 800 euros, selon leur niveau de qualification), jusqu'à un plafond (5 000 ou 8 000 euros).

Les agents de la fonction publique ont un CPF en heures.

Les droits au CPF cessent d'augmenter lorsqu'une personne devient chômeuse, mais les droits acquis peuvent toujours être utilisés.

Les formations peuvent concerner divers domaines, comme les langues, l'informatique ou l'obtention d'un permis de conduire.

Pour utiliser le CPF, il faut créer un compte sur le site ou l'application "Mon compte formation".

 A noter :
Si votre CPF ne permet pas de financer en totalité votre formation ou si vous n'avez pas de droits CPF, vous pouvez directement depuis Mon Compte Formation, faire une demande à Pôle emploi pour financer votre reste à charge.

Pôle emploi

 Le financement de la formation par Pôle emploi est une option intéressante pour les demandeurs d'emploi souhaitant acquérir de nouvelles compétences ou se reconvertir professionnellement.

En tant qu'organisme public, Pôle emploi propose plusieurs dispositifs pour aider les demandeurs d'emploi à financer leur formation et à atteindre leurs objectifs professionnels.

Il est important de noter que les demandeurs d'emploi inscrits à une formation financée par Pôle emploi ou un autre dispositif peuvent, sous certaines conditions, continuer à percevoir leurs allocations chômage pendant la durée de la formation. Cela permet de suivre la formation sans craindre une perte de revenus.

L'aide individuelle à la formation

 L'aide individuelle à la formation (AIF) est une aide financière accordée par Pôle emploi aux demandeurs d'emploi et aux personnes accompagnées dans le cadre de dispositifs spécifiques, tels que le contrat de sécurisation professionnelle (CSP) ou le contrat de reclassement professionnel (CRP).

Pour en bénéficier, il faut contacter votre conseiller Pôle emploi qui vous aidera à identifier la formation adaptée à votre projet. Ensuite, vous devez demander un devis à l'organisme de formation. Pôle emploi étudie le devis et décide de l'accepter ou de le refuser. **L'AIF ne peut être utilisée que si la formation n'est pas finançable par un autre dispositif.**

Le montant de l'aide varie selon chaque bénéficiaire, jusqu'à un plafond de 8 000 euros (5 000 euros pour un CSP). Pendant la formation, le bénéficiaire peut percevoir une rémunération sous certaines conditions.

L'action de formation préalable au recrutement

L'Action de Formation Préalable au Recrutement (AFPR) est une aide destinée aux demandeurs d'emploi inscrits à Pôle emploi qui ont reçu une proposition d'emploi en CDD, intérim ou contrat de professionnalisation, mais qui ne possèdent pas toutes les compétences requises pour être recrutés.

Les formations, généralement courtes (max. 400 heures), peuvent être assurées en interne par le futur employeur, un organisme de formation interne à l'entreprise ou un organisme externe.

Pôle emploi prescrit et finance l'AFPR en versant une aide financière directement au futur employeur ou à l'organisme de formation pour couvrir les coûts de la formation.

Pendant la formation, les demandeurs d'emploi peuvent être rémunérés via l'aide de retour à l'emploi formation ou la rémunération de formation de Pôle emploi.

La préparation opérationnelle à l'emploi

La Préparation Opérationnelle à l'Emploi (POE) est une aide pour financer la formation des demandeurs d'emploi et des salariés en contrat d'insertion.

Elle vise à former les bénéficiaires pour répondre aux besoins spécifiques d'un employeur ayant déposé une offre auprès de Pôle emploi dans un secteur en difficulté de recrutement.

L'employeur doit s'engager à embaucher le demandeur d'emploi en CDI, CDD d'au moins 12 mois ou contrat d'alternance d'au moins 12 mois.

Devenir un Expert IT

La POE finance jusqu'à 400 heures de formation, sans frais pour le demandeur d'emploi.

Les demandeurs d'emploi peuvent être rémunérés pendant la formation via l'aide de retour à l'emploi formation ou la rémunération de formation de Pôle emploi.

Le contrat de professionnalisation

Le contrat de professionnalisation est une solution de financement de formation professionnelle en alternance.

Il s'adresse non seulement aux jeunes de 16 à 25 ans, mais aussi aux demandeurs d'emploi de 26 ans et plus, aux bénéficiaires du RSA, de l'ASS, de l'AAH et aux personnes ayant bénéficié d'un CUI, sans limitation d'âge.

Dans ce cadre, le bénéficiaire devient salarié de l'entreprise, et les frais de formation sont pris en charge par l'employeur. Un CDD de 6 à 12 mois (renouvelable jusqu'à 24 ou 36 mois dans certains cas) ou un CDI est signé.

L'objectif est d'acquérir une qualification professionnelle reconnue par l'État et/ou la branche professionnelle. Le salaire varie en fonction de l'âge et du niveau de diplôme, allant de 55 à 100% du SMIC.

Les aides des collectivités

Les aides des collectivités (conseils régionaux, généraux ou municipaux) peuvent financer la totalité ou une partie des formations professionnelles, adaptées aux besoins des entreprises locales.

Devenir un Expert IT

Ces aides varient selon les collectivités et peuvent inclure des aides financières pour le transport, l'équipement informatique, etc.

Pour en bénéficier, il faut en faire la demande auprès du conseiller Pôle emploi (pour les demandeurs d'emploi), de la mission locale (pour les jeunes de moins de 26 ans), de l'Apec (pour les cadres) ou de Cap emploi (pour les travailleurs handicapés).

Le plan de développement des compétences

Le plan de développement des compétences permet aux salariés de suivre des formations financées par leur employeur.

Il remplace le plan de formation depuis 2019.
Bien que l'employeur ne soit pas obligé de mettre en place ce plan, il y est encouragé.

Il comprend des actions de formation obligatoires (définies par accord ou convention collective) et non obligatoires, visant à développer les compétences des salariés. **L'employeur choisit les salariés qui bénéficieront de ces formations.**

Le salarié peut formuler sa demande de formation par écrit ou oralement et continue à être rémunéré normalement si la formation est suivie pendant son temps de travail.

Le CPF de transition professionnelle

Le plan de développement des compétences, mis en place en 2019, permet aux salariés de bénéficier de formations financées par leur employeur.

Devenir un Expert IT

Il inclut des formations obligatoires et non obligatoires. Les employeurs sont encouragés à mettre en place ce plan, mais ne sont pas obligés.

Les salariés peuvent formuler des demandes de formation, et continuent d'être rémunérés pendant la formation si elle se déroule sur leur temps de travail.

Le CPF de transition professionnelle permet de changer de métier en utilisant le CPF et le financement des associations Transitions Pro. Si les droits CPF ne suffisent pas, ces associations peuvent financer le reste à charge.

Le dispositif Pro-A

 Le dispositif Pro-A vise la reconversion ou promotion par l'alternance pour les salariés les moins qualifiés (diplôme inférieur au bac +3).

Il permet de suivre une formation en alternance au sein de leur entreprise pour obtenir une certification tout en conservant leur poste.

Un tuteur au sein de l'entreprise est désigné pour former le bénéficiaire.
La formation doit durer au moins 150 heures et nécessite l'accord de l'employeur.

Ce dernier, en collaboration avec un Opco, finance la formation ainsi que les éventuels frais de transport et d'hébergement.

Le dispositif Transco

Le dispositif Transco, mis en place en 2021, permet de former les salariés dont l'emploi est menacé et de les orienter vers des postes plus porteurs dans leur région.

Il s'adresse aux salariés ayant travaillé au moins deux ans, dont un an dans la même entreprise. Le salarié doit constituer un dossier Transco avec son employeur pour obtenir une autorisation de congé.

Durant la formation, le salarié reste sous contrat et sa rémunération est maintenue.
L'État finance la formation et la rémunération selon la taille de l'entreprise, et le salarié n'a pas besoin de mobiliser son CPF pour se reconvertir.

Travailleurs indépendants

Le financement des formations pour les travailleurs indépendants est un enjeu important pour permettre à ces professionnels de développer leurs compétences et d'assurer la pérennité de leur activité.

Plusieurs dispositifs sont accessibles aux travailleurs indépendants pour financer leur formation professionnelle :

- **Le Compte Personnel de Formation (CPF)**
- **Les aides régionales**
- **Les dispositifs spécifiques pour les demandeurs d'emploi**

Devenir un Expert IT

Les travailleurs indépendants cotisent aux FAF, qui sont des fonds spécifiques destinés à financer la formation des travailleurs non-salariés. Chaque secteur d'activité dispose de son propre FAF (par exemple, le FIF-PL pour les professions libérales ou l'AGEFICE pour les commerçants et les dirigeants d'entreprise).

Les travailleurs indépendants peuvent solliciter ces fonds afin de financer des formations en lien avec leur métier.

Pour conclure

En conclusion, bien qu'il existe plusieurs options pour financer sa formation professionnelle, le moyen le plus simple et rapide reste souvent de passer par son Compte Personnel de Formation (CPF).

Le CPF permet à chacun de cumuler des droits à la formation tout au long de sa vie professionnelle, et ces droits peuvent être mobilisés facilement pour financer des formations éligibles.

Néanmoins, il est également important de consulter son conseiller Pôle emploi, qui pourra vous informer sur les différentes aides disponibles pour les demandeurs d'emploi et ainsi, vous orienter vers les formations adaptées à votre situation et votre projet professionnel.

Enfin, n'oubliez pas que les employeurs peuvent également être une source de financement pour les formations de leurs salariés.

En effet, les entreprises ont accès aux fonds de leur Opérateur de Compétences (OPCO) pour financer les formations de leurs employés, en particulier dans le cadre du Plan de Développement des Compétences.

Il est essentiel d'explorer toutes les possibilités de financement pour sa formation professionnelle et de se renseigner auprès des différents acteurs concernés (CPF, Pôle emploi, employeur) pour identifier la solution la plus adaptée à ses besoins et à son projet professionnel.

Les certifications IT

Les certifications IT sont des éléments essentiels pour toute personne souhaitant développer une carrière réussie dans le domaine de l'informatique et des technologies de l'information.

Ces certifications ont pour objectif de valider les compétences, les connaissances et l'expérience des professionnels dans différents domaines de l'informatique, tels que la cybersécurité, la gestion de réseaux, le développement de logiciels, l'administration de systèmes, et bien d'autres encore.

Obtenir une certification IT reconnue mondialement est un gage de qualité pour les employeurs, qui peuvent ainsi être sûrs que les candidats possèdent les compétences requises pour exceller dans leurs fonctions.

Les certifications IT sont également un moyen pour les professionnels de se démarquer de leurs pairs et d'améliorer leurs perspectives de carrière, en plus d'offrir des opportunités de formation continue pour se maintenir à jour sur les dernières avancées technologiques.

Les certifications IT sont proposées en candidat libre, par divers organismes de renommée internationale, tels que Cisco, CompTIA, Microsoft, et bien d'autres.

Devenir un Expert IT

Ces certifications sont généralement classées en fonction de leur niveau de difficulté, allant des certifications d'entrée de gamme pour les débutants aux certifications avancées pour les experts du secteur.

En investissant du temps et des efforts pour obtenir des certifications IT, les professionnels peuvent non seulement enrichir leur CV, mais aussi prouver leur engagement à développer constamment leurs compétences et à rester à la pointe de leur domaine.

Ainsi, les certifications IT sont un atout précieux pour toute personne cherchant à progresser dans le monde dynamique et en constante évolution de l'informatique et des technologies de l'information.

Niveau : Entrée de Gamme

Une certification IT d'entrée de gamme est une qualification professionnelle conçue pour valider les compétences et les connaissances fondamentales d'un individu dans un domaine spécifique de l'informatique et des technologies de l'information.

Ces certifications sont généralement destinées aux personnes qui débutent leur carrière dans le secteur IT ou qui souhaitent se réorienter vers ce domaine.

Les certifications d'entrée de gamme sont souvent plus accessibles et nécessitent moins d'expérience préalable que les certifications de niveau intermédiaire ou avancé.
Elles servent de base pour développer et démontrer une compréhension générale des concepts clés, des technologies et des pratiques liées à un domaine IT particulier.

En obtenant une certification IT d'entrée de gamme, les professionnels peuvent montrer aux employeurs qu'ils possèdent les compétences de base requises pour un poste d'entrée de gamme dans le domaine choisi.

De plus, ces certifications peuvent constituer une première étape pour l'obtention de certifications plus avancées et spécialisées à mesure que les professionnels progressent dans leur carrière.

Devenir un Expert IT

Cisco Certified Support Technician (CCST)

Un pas décisif pour démarrer votre carrière IT et vous démarquer avec des compétences solides en support technique

Les certifications Cisco Certified Support Technician (CCST) sont des certifications d'entrée de gamme idéales pour les personnes cherchant à valider leurs compétences et qualifications pour des postes informatiques de niveau débutant.

Elles permettent également de prouver leur préparation à poursuivre des certifications de niveau associé, telles que CCNA et CyberOps Associate.

■ Cisco Certified Support Technician (CCST) Cybersecurity

La certification Cisco Certified Support Technician (CCST) Cybersecurity valide les compétences et les connaissances d'une personne sur les concepts et les sujets de cybersécurité de niveau débutant.

Cette certification couvre des principes de sécurité, des concepts de sécurité des réseaux et de la sécurité des points d'accès, de l'évaluation des vulnérabilités et de la gestion des risques, ainsi que de la gestion des incidents.

La certification CCST Cybersecurity constitue également une première étape vers la certification CyberOps Associate.

Devenir un Expert IT

■ Cisco Certified Support Technician (CCST) Networking

 La certification Cisco Certified Support Technician (CCST) Networking valide les compétences et les connaissances d'une personne sur les concepts et les sujets de mise en réseau de niveau débutant.

Cette certification démontre les connaissances et compétences fondamentales nécessaires pour comprendre le fonctionnement des réseaux, y compris les dispositifs, les supports et les protocoles qui permettent les communications réseau.

 La certification CCST Networking constitue également une première étape vers la fameuse certification CCNA.

CompTIA A+

 Le tremplin idéal pour lancer votre carrière dans le support informatique et démontrer vos compétences techniques essentielles aux employeurs du monde entier.

 La certification CompTIA A+ est une certification IT reconnue internationalement, conçue pour valider les compétences et les connaissances de base nécessaires pour entrer dans le domaine de la maintenance et du support informatique.

NIVEAU : ENTRÉE DE GAMME

Devenir un Expert IT

CompTIA, l'association informatique à but non lucratif qui délivre la certification, a conçu le programme A+ pour fournir une base solide aux professionnels IT débutants.

La certification CompTIA A+ est souvent considérée comme un point de départ idéal pour les professionnels IT qui souhaitent se lancer dans des carrières telles que technicien support informatique, administrateur système ou technicien de maintenance informatique.

De plus, elle peut servir de tremplin pour obtenir des certifications plus avancées et spécialisées à mesure que les professionnels progressent dans leur carrière.

Microsoft Azure Fundamentals

 Une étape clé pour maîtriser les concepts fondamentaux et élargir vos opportunités professionnelles dans l'univers du cloud computing.

 La certification Microsoft Azure Fundamentals, également connue sous le nom de certification AZ-900, est une certification d'entrée de gamme conçue pour valider les connaissances fondamentales des services cloud offerts par Microsoft Azure.

Cette certification est destinée aux professionnels IT, aux décideurs, aux commerciaux et aux personnes qui cherchent à comprendre les bases des concepts et services cloud, et en particulier ceux liés à Microsoft Azure. Pour obtenir la certification Microsoft Azure Fundamentals, les candidats doivent passer un examen unique (AZ-900).

La certification Azure Fundamentals est souvent recommandée aux personnes qui débutent dans le domaine du cloud computing ou qui souhaitent renforcer leurs connaissances sur les services et solutions Microsoft Azure.

Bien qu'elle ne soit pas un prérequis pour les certifications Azure de niveau supérieur, elle peut servir de base solide pour ceux qui souhaitent poursuivre des certifications Azure plus avancées et spécialisées.

Devenir un Expert IT

Fortinet NSE

> **Des étapes essentielles pour acquérir les compétences nécessaires afin de protéger les réseaux et les systèmes contre les menaces numériques.**

Les certifications Fortinet NSE 1, NSE 2 et NSE 3 font partie du programme de certification Fortinet Network Security Expert (NSE).

Le programme NSE est conçu pour valider les compétences et les connaissances des professionnels de la sécurité réseau dans l'utilisation et la gestion des produits et solutions de Fortinet.

Les certifications NSE sont divisées en huit niveaux, allant de NSE 1 à NSE 8.

Fortinet NSE 1 :
La certification NSE 1 est le niveau d'entrée du programme et est axée sur la sensibilisation à la sécurité réseau. Cette certification vise à fournir aux participants une compréhension de base des menaces modernes et des tendances en matière de sécurité réseau.

Fortinet NSE 2 :
- La certification NSE 2 se concentre sur les produits Fortinet et leurs cas d'utilisation. Les participants apprennent comment les produits Fortinet sont utilisés pour résoudre les problèmes de sécurité réseau courants et comment ils s'intègrent pour former des solutions de sécurité complètes.

Fortinet NSE 3 :
La certification NSE 3 se concentre sur les solutions avancées de Fortinet et leur positionnement sur le marché. Les participants apprennent à positionner et à vendre les solutions Fortinet en fonction des besoins spécifiques des clients et de l'évolution du paysage des menaces.

NIVEAU : ENTRÉE DE GAMME

Devenir un Expert IT

Les certifications NSE 1, NSE 2 et NSE 3 sont principalement axées sur les professionnels de la vente et du support et visent à leur fournir les connaissances nécessaires pour comprendre, positionner et vendre efficacement les produits et solutions Fortinet.

Les niveaux supérieurs du programme NSE (NSE 4 à NSE 8) sont davantage axés sur les compétences techniques et la mise en œuvre des solutions Fortinet pour les ingénieurs et les experts en sécurité réseau.

AWS Certified Cloud Practitioner

 Un point de départ essentiel pour maîtriser les principes fondamentaux d'Amazon Web Services et ouvrir la voie vers un avenir prometteur dans le domaine du cloud.

 La certification AWS Certified Cloud Practitioner est une certification d'entrée de gamme proposée par Amazon Web Services (AWS).

Elle vise à valider la compréhension et les connaissances de base des candidats sur les services, les concepts et les meilleures pratiques liés à AWS.

Cette certification est destinée aux individus qui souhaitent démontrer leur familiarité avec la plateforme AWS et constitue un bon point de départ pour ceux qui débutent dans le domaine du cloud computing.

La certification AWS Certified Cloud Practitioner est destinée aux professionnels de l'informatique, aux chefs de projet, aux décideurs, aux commerciaux et à toute personne souhaitant valider ses connaissances sur les services et concepts AWS.

Cette certification est également un excellent tremplin pour les certifications AWS Associate et Professional de niveau supérieur, qui se concentrent davantage sur des rôles spécifiques tels que l'architecte de solutions, le développeur et l'administrateur système.

Devenir un Expert IT

F5 Certified BIG-IP Administrator

Une opportunité unique d'acquérir des compétences solides en administration et en configuration des produits F5 BIG-IP, pour optimiser la performance et la sécurité des applications dans votre entreprise.

La certification F5 Certified BIG-IP Administrator (F5-CA) est une certification d'entrée de gamme offerte par F5 Networks, une entreprise spécialisée dans les solutions d'application delivery networking (ADN) et d'équilibrage de charge.

Cette certification valide les compétences et les connaissances des professionnels de l'informatique dans l'administration et la gestion des dispositifs BIG-IP de F5 Networks.

La certification F5-CA cible les administrateurs système, les ingénieurs réseau et d'autres professionnels de l'informatique qui travaillent avec des dispositifs F5 BIG-IP.

Les personnes certifiées F5-CA démontrent une compréhension des concepts fondamentaux des services d'application, ainsi que la capacité d'effectuer des tâches de base de configuration et de dépannage des dispositifs BIG-IP.

Pour obtenir la certification F5-CA, les candidats doivent passer et réussir deux examens :

- **Exam 101 – Application Delivery Fundamentals:**
  Cet examen évalue la compréhension des candidats des concepts fondamentaux de l'ADN, tels que les protocoles réseau, la gestion du trafic, la sécurité des applications et les architectures réseau.

- **Exam 201 – TMOS Administration:**
  Cet examen porte sur la gestion et l'administration des dispositifs BIG-IP, y compris la configuration, le dépannage et la maintenance des dispositifs.

En réussissant ces deux examens, les professionnels de l'informatique démontrent qu'ils possèdent les compétences nécessaires pour gérer efficacement les dispositifs F5 BIG-IP et soutenir les applications et les réseaux critiques pour l'entreprise.

Devenir un Expert IT

Niveau : Associé

Une certification de niveau associé est une certification professionnelle destinée aux personnes ayant déjà acquis des compétences de base dans un domaine spécifique de l'informatique.

Ces certifications valident les compétences intermédiaires des professionnels et leur capacité à effectuer des tâches plus complexes et spécialisées que celles requises pour les certifications d'entrée de gamme.

Les certifications de niveau associé sont souvent reconnues par les employeurs comme une preuve de compétence et d'expertise dans un domaine particulier.

Elles permettent aux professionnels de se distinguer sur le marché du travail et d'accéder à des postes plus avancés ou plus spécialisés.

Cisco CCNA

"La certification Cisco CCNA : une clé incontournable pour débloquer les portes d'une carrière réussie dans le monde des réseaux et de la connectivité."

 La certification Cisco Certified Network Associate (CCNA) est une certification de niveau associé extrêmement valorisée dans le domaine des réseaux informatiques.

Devenir un Expert IT

Elle est reconnue mondialement et sert de référence pour les compétences des professionnels en matière de réseaux.

Obtenir la certification CCNA démontre non seulement votre expertise en matière de réseaux, mais aussi votre engagement à suivre les meilleures pratiques et à développer continuellement vos compétences.

Voici quelques raisons pour lesquelles la certification CCNA est particulièrement précieuse par rapport à d'autres certifications IT :

Réputation de Cisco :
Cisco est un leader mondial dans le domaine des réseaux, et ses produits et solutions sont largement utilisés dans les entreprises du monde entier.
La certification CCNA, délivrée par Cisco, bénéficie donc de la réputation de l'entreprise et de la confiance qu'elle inspire.

Pertinence sur le marché du travail :
La demande pour les professionnels possédant des compétences en réseaux est constante et en croissance. La certification CCNA atteste de votre maîtrise des compétences nécessaires pour installer, configurer, gérer et dépanner des réseaux d'entreprise, ce qui vous rend très attractif pour les employeurs.

Flexibilité et évolutivité :
La certification CCNA couvre un large éventail de compétences en matière de réseaux, ce qui vous permet de travailler dans différents domaines et secteurs. De plus, elle constitue une excellente base pour se spécialiser davantage et poursuivre d'autres certifications Cisco, telles que le CCNP (Cisco Certified Network Professional) et le CCIE (Cisco Certified Internetwork Expert).

Salaire et avancement de carrière :
Les professionnels certifiés CCNA sont souvent mieux rémunérés que leurs homologues non certifiés, en raison de leur expertise reconnue et de leur engagement envers la formation continue. De plus, cette certification peut également ouvrir la porte à des promotions et des postes à responsabilités accrues.

Devenir un Expert IT

Réseau professionnel :
En rejoignant la communauté des professionnels certifiés Cisco, vous bénéficiez d'un accès à un réseau mondial de professionnels partageant les mêmes idées et les mêmes objectifs. Cela peut vous aider à développer votre réseau professionnel, à échanger des idées et à rester informé des dernières tendances et technologies.

 La certification Cisco CCNA est un atout majeur pour les professionnels de l'informatique qui souhaitent se spécialiser dans le domaine des réseaux et se démarquer sur le marché du travail.

CompTIA Linux+

 "La certification CompTIA Linux+ : votre tremplin vers l'expertise en administration de systèmes Linux et un atout majeur pour briller dans l'univers open source."

 La certification CompTIA Linux+ est une certification informatique axée sur les compétences et les connaissances nécessaires pour travailler avec les systèmes d'exploitation Linux.

Elle peut vous aider à vous démarquer sur le marché du travail et à progresser dans votre carrière en informatique.

Devenir un Expert IT

AWS Certified Solutions Architect – Associate

Le tremplin vers une carrière réussie dans l'univers des solutions Amazon Web Services.

La certification AWS Certified Solutions Architect - Associate est une certification de niveau associé proposée par Amazon Web Services (AWS).

Cette certification atteste des compétences et des connaissances d'un professionnel de l'informatique dans la conception et le déploiement d'architectures évolutives et sécurisées sur la plateforme AWS.

En obtenant la certification AWS Certified Solutions Architect - Associate, les candidats démontrent qu'ils comprennent les services AWS clés, les meilleures pratiques d'architecture, et qu'ils sont capables de concevoir et déployer des solutions optimisées pour les coûts, la performance et la disponibilité.

Cette certification est particulièrement utile pour les architectes de solutions, les développeurs et les administrateurs système qui travaillent avec des applications et des infrastructures basées sur AWS.

Google Associate Cloud Engineer

Une étape essentielle pour maîtriser la plateforme Google Cloud et propulser votre carrière vers de nouveaux horizons.

La certification Associate Cloud Engineer est une certification proposée par Google Cloud.

NIVEAU : ASSOCIÉ

Devenir un Expert IT

Elle est conçue pour valider les compétences et les connaissances des professionnels de l'informatique dans le déploiement, la gestion et le suivi des solutions basées sur le cloud en utilisant la plateforme Google Cloud.

Cette certification de niveau associé démontre la capacité d'un individu à travailler avec des projets d'ingénierie cloud, à gérer des ressources cloud et à configurer des infrastructures réseau, des services de données, des applications et des API sur la plateforme Google Cloud.

Cisco Certified DevNet Associate

 Un atout majeur pour maîtriser l'automatisation réseau et développer des solutions innovantes en utilisant les technologies de pointe Cisco !

 La certification Cisco DevNet, officiellement appelée Cisco Certified DevNet Associate, est une certification de niveau associé qui valide les compétences d'un professionnel de l'informatique dans le domaine du développement et de l'automatisation réseau.

Cette certification est conçue pour les développeurs, les ingénieurs réseau, les architectes d'applications et d'autres professionnels de l'informatique qui cherchent à améliorer leurs compétences en matière de développement logiciel et d'intégration des technologies Cisco.

La certification DevNet couvre des domaines tels que la compréhension des API et des protocoles de réseau, la conception et le développement d'applications, l'automatisation réseau, la sécurité, le développement d'applications cloud et l'Internet des objets (IoT).

Devenir un Expert IT

CompTIA Security+

 Une référence incontournable pour les professionnels souhaitant se distinguer dans le domaine de la sécurité informatique.

 La certification CompTIA Security+ est une certification internationalement reconnue qui valide les compétences essentielles en matière de sécurité informatique.

En effet, elle couvre un large éventail de domaines liés à la cybersécurité, tels que la gestion des risques, la cryptographie, l'identification et l'authentification, les contrôles d'accès, les attaques et vulnérabilités, la réponse aux incidents et la sécurité des réseaux et des systèmes.

Cette certification est particulièrement adaptée aux professionnels IT souhaitant se spécialiser dans la sécurité informatique ou renforcer leurs compétences existantes dans ce domaine.

CompTIA PenTest+

 Devenez un expert reconnu en tests de pénétration et évaluation de la sécurité !

 La certification CompTIA PenTest+ est une certification intermédiaire destinée aux professionnels de la cybersécurité qui souhaitent se spécialiser dans l'évaluation et la pénétration des réseaux et des systèmes informatiques.

Devenir un Expert IT

Cette certification permet de valider les compétences nécessaires pour planifier et mener des tests de pénétration, identifier les vulnérabilités, analyser les données et communiquer efficacement les résultats aux parties prenantes.

CompTIA PenTest+ couvre plusieurs domaines tels que la planification et la portée des tests, l'analyse des vulnérabilités, l'exploitation des réseaux et des systèmes, et la rédaction des rapports.

Elle est conçue pour les professionnels ayant déjà une expérience en cybersécurité et qui souhaitent approfondir leurs compétences en matière de tests de pénétration et d'évaluation de la sécurité.

Cisco CyberOps Associate

 Propulsez votre carrière en cybersécurité vers de nouveaux sommets, grâce à cette certification prestigieuse et convoitée dans l'univers de la sécurité informatique.

 La certification Cisco CyberOps Associate est une certification de premier plan dans le domaine de la cybersécurité, qui met l'accent sur les opérations de sécurité et la défense des réseaux informatiques.

Elle est spécifiquement conçue pour les professionnels souhaitant acquérir des compétences approfondies dans la détection et la neutralisation des cybermenaces, la surveillance des réseaux et l'analyse des événements de sécurité.

Cette certification est particulièrement précieuse pour les professionnels de l'informatique, car elle est reconnue mondialement et soutenue par Cisco, l'un des leaders incontestés de l'industrie des réseaux et de la sécurité.

En obtenant la certification Cisco CyberOps Associate, vous démontrez non seulement votre expertise en matière de cybersécurité, mais également votre engagement à vous tenir au courant des dernières technologies et pratiques en matière de sécurité des réseaux.

Devenir un Expert IT

 Cela vous donne un avantage compétitif sur le marché du travail et vous permet de vous démarquer des autres professionnels de l'informatique.

Fortinet NSE4

 Entrez dans le monde passionnant de la sécurité réseau avec la certification Fortinet NSE4, une qualification essentielle pour les professionnels souhaitant maîtriser les solutions de sécurité Fortinet de nouvelle génération.

 Cette certification avancée couvre les aspects fondamentaux de la gestion, de la configuration et de la maintenance des dispositifs de sécurité FortiGate.

En obtenant la certification Fortinet NSE4, vous serez équipé pour gérer efficacement les infrastructures de sécurité réseau et vous positionner comme un expert dans le domaine des solutions Fortinet.

Project Management Professional (PMP)

 Ouvrez la porte à de nouvelles opportunités et donnez un coup de pouce à votre carrière.

 La certification Project Management Professional (PMP) est une référence mondiale en matière de gestion de projet informatique.

NIVEAU : ASSOCIÉ

Devenir un Expert IT

Délivrée par le Project Management Institute (PMI), cette certification atteste de l'expertise et des compétences d'un professionnel dans la planification, l'exécution, le suivi et la clôture de projets complexes.

Les titulaires du PMP sont hautement recherchés par les employeurs pour leur capacité à gérer efficacement les ressources et à assurer la réussite des projets.

La certification PMP est idéale pour les chefs de projet, les coordinateurs de projet, les gestionnaires de programme et d'autres professionnels de la gestion de projet souhaitant valider et renforcer leurs compétences dans ce domaine.

Classement Certification par compétence

Réseaux et infrastructure :	<ul><li>Cisco Certified Network Associate (CCNA)</li><li>CompTIA Network+</li><li>Juniper Networks Certified Internet Associate (JNCIA)</li></ul>
Sécurité informatique :	<ul><li>Certified Information Systems Security Professional (CISSP)</li><li>CompTIA Security+</li><li>Cisco CyberOps Associate</li></ul>
Administration et gestion de systèmes :	<ul><li>Microsoft Certified Solutions Associate (MCSA)</li><li>Linux Professional Institute Certification (LPIC)</li><li>CompTIA Linux+</li><li>Red Hat Certified System Administrator (RHCSA)</li></ul>
Gestion de projet et méthodologies agiles :	<ul><li>Project Management Professional (PMP)</li><li>Certified ScrumMaster (CSM)</li><li>PRINCE2 Foundation and Practitioner</li></ul>

Devenir un Expert IT

Développement logiciel et programmation :	- Microsoft Certified Solutions Developer (MCSD) - Oracle Certified Professional (OCP) - Java Programmer - AWS Certified Developer – Associate - Cisco Certified DevNet Associate
Bases de données et administration de données :	- Oracle Database Administrator Certified Professional (OCP DBA) - Microsoft SQL Server Database certifications - MongoDB Certified DBA
Cloud computing et virtualisation :	- AWS Certified Solutions Architect – Associate - Microsoft Certified: Azure Administrator Associate - Google Cloud Associate Cloud Engineer - VMware Certified Professional – Data Center Virtualization (VCP-DCV)
Data science, big data et analyse de données :	- AWS Certified Data Analytics – Specialty - Microsoft Certified: Data Analyst Associate - Google Cloud Professional Data Engineer
Intelligence artificielle, machine learning et deep learning :	- AWS Certified Machine Learning – Specialty - Google Cloud Professional Machine Learning Engineer - Microsoft Certified: Azure AI Engineer Associate

Les certifications RNCP

La certification RNCP (Répertoire National des Certifications Professionnelles) est une reconnaissance officielle du gouvernement français qui atteste qu'un individu possède un certain niveau de compétence ou de qualification professionnelle.

Les certifications RNCP sont classées selon des niveaux, qui correspondent à des degrés de compétence, de responsabilité et de complexité des activités professionnelles.

Ces certifications sont délivrées par des organismes de formation et des écoles, et sont inscrites dans le répertoire national après une évaluation et une validation par la Commission Nationale de la Certification Professionnelle (CNCP).

Les certifications RNCP permettent aux individus de valoriser leurs compétences et qualifications professionnelles, de faciliter leur insertion sur le marché du travail et d'améliorer leur employabilité.

Devenir un Expert IT

Les niveaux RNCP

Le cadre national des certifications professionnelles (RNCP) en France a été introduit dans le but d'offrir une meilleure lisibilité et aligner la nomenclature française sur la nomenclature européenne.

Cette classification comprend huit niveaux de qualification, en fonction des savoirs et compétences acquis. Voici les niveaux et leurs équivalences en termes de diplômes d'école :

Niveau 1 : Maîtrise des savoirs de base
Il ne correspond pas directement à un diplôme d'école, mais à la maîtrise des connaissances fondamentales.

Niveau 2 : Capacité à effectuer des activités simples et à résoudre des problèmes courants
Il ne correspond pas directement à un diplôme d'école, mais à la capacité de réaliser des tâches simples et de résoudre des problèmes courants en mobilisant des savoir-faire professionnels dans un contexte structuré.

Niveau 3 : CAP (Certificat d'Aptitude Professionnelle)
Équivalence : Diplômes de niveau CAP et équivalents.

Niveau 4 : BAC (Baccalauréat)
Équivalence : Baccalauréat général, technologique ou professionnel et équivalents.

Niveau 5 : BAC + 2
Équivalence : BTS (Brevet de Technicien Supérieur), DUT (Diplôme Universitaire de Technologie), DEUST (Diplôme d'Études Universitaires Scientifiques et Techniques) et équivalents.

Niveau 6 : LICENCE
Équivalence : Licence, Licence Professionnelle, Bachelor et équivalents.

Niveau 7 : MASTER, MBA, Executive MBA
Équivalence : Master, diplôme d'École de commerce, diplôme d'École d'ingénieurs, MBA, Executive MBA et équivalents.

Niveau 8 : DOCTORAT, DBA, PhD
Équivalence : Doctorat, titre d'Ingénieur diplômé, titre d'Architecte diplômé, DBA (Doctor of Business Administration), PhD (Doctor of Philosophy) et équivalents.

Ministère du Travail, du Plein Emploi et de l'Insertion.

S'investir dans une certification RNCP est une excellente décision, car elle vous offre un niveau BAC officiel reconnu par l'État.

Cependant, il est crucial de choisir attentivement l'organisme certificateur, car maintenir une certification RNCP active sur le site de France compétences requiert beaucoup d'efforts.

Devenir un Expert IT

Récemment, France compétences a revu à la hausse ses conditions, et de nombreux certificateurs n'ont pas pu renouveler leurs certifications.

C'est pourquoi je vous présente ci-dessous, uniquement des certifications RNCP délivrées par le Ministère du Travail, du Plein Emploi et de l'Insertion.

De cette manière, vous vous assurez que la probabilité que ces certifications restent actives est très élevée, étant donné qu'elles émanent directement du Ministère du Travail, du Plein Emploi et de l'Insertion.

C'est pour cette raison que chez Formip, nous concentrons tous nos efforts sur les certifications délivrées par le Ministère du Travail, du Plein Emploi et de l'Insertion.

Nous avons choisi de privilégier ces certifications, car elles offrent une garantie de qualité et de pérennité pour nos apprenants.

RNCP Niveau 3 : CAP ou BEP

RNCP34147 : TP - installateur dépanneur en informatique

> La certification RNCP34147 correspond au Titre Professionnel (TP) d'Installateur Dépanneur en Informatique, enregistrée au Répertoire National des Certifications Professionnelles (RNCP) **au niveau 3**, _**équivalent à un CAP ou BEP.**_

Cette certification vise à former des professionnels capables de mettre en service, dépanner et reconditionner des équipements informatiques fixes ou mobiles, en respectant les normes environnementales et de sécurité.

L'Installateur Dépanneur en Informatique peut travailler dans différents contextes, tels que les magasins informatiques, les entreprises de services du numérique (ESN), les services intégrés à une structure publique ou en tant qu'indépendant.

Devenir un Expert IT

Ses activités incluent l'installation initiale du matériel, les mises à jour, la configuration, la personnalisation et le dépannage des équipements informatiques, en tenant compte de la gestion du réseau et de la sécurité des équipements et des données personnelles.

Les compétences attestées par cette certification incluent :

■ **Mettre en service des équipements informatiques fixes et mobiles :**

- Installer un système ou déployer une image sur un poste client fixe ou mobile.
- Configurer, paramétrer et personnaliser un équipement informatique fixe ou mobile.
- Raccorder un équipement fixe ou mobile à un réseau.
- Informer et conseiller le client ou l'utilisateur.

■ **Dépanner et reconditionner des équipements informatiques fixes et mobiles :**

- Diagnostiquer et résoudre un dysfonctionnement d'un équipement informatique fixe ou mobile.
- Vérifier, identifier, trier un équipement informatique fixe ou mobile d'occasion.
- Revaloriser et intégrer un équipement fixe ou mobile.

RNCP Niveau 4 : Bac

RNCP225 : TP - Technicien d'assistance en informatique

> La certification RNCP225 correspond au Titre Professionnel (TP) de Technicien d'Assistance en Informatique. Elle est enregistrée au Répertoire National des Certifications Professionnelles (RNCP) au niveau 4 *(équivalent à un Baccalauréat)*.

Ce titre professionnel vise à former des techniciens capables de mettre en service des équipements numériques, d'intervenir sur les réseaux numériques, mais aussi d'assister et dépanner les utilisateurs de ces équipements.

Le Technicien d'Assistance en Informatique peut travailler dans différents contextes, comme les boutiques informatiques, les entreprises de services du numérique, les collectivités territoriales, les grandes entreprises ou en tant qu'indépendant.

Devenir un Expert IT

Ses activités incluent l'installation, la mise à jour, la configuration, la personnalisation et le dépannage des équipements numériques, ainsi que l'intégration et la gestion d'un réseau, la mise en place des outils de sécurité et la maintenance du parc informatique.

Les compétences attestées par cette certification incluent :

■ **Mettre en service des équipements numériques :**

- Installer un système ou déployer un master dans un poste client.
- Intervenir sur les composants matériels d'un équipement numérique.
- Mettre à jour, configurer et personnaliser un équipement numérique.
- Contribuer à la sécurité d'un équipement numérique et de ses données.

■ **Intervenir sur les éléments de l'infrastructure :**

- Intervenir sur un équipement réseau.
- Intervenir sur un annuaire réseau de type Active Directory.
- Installer et configurer un service réseau pour une TPE ou un particulier.

■ **Assister ou dépanner les clients ou les utilisateurs :**

- Apporter un support technique dans un contexte commercial.
- Traiter un incident dans un centre de services et assurer le suivi du parc.
- Assister les utilisateurs en environnement bureautique ou sur leurs équipements numériques.
- Diagnostiquer et résoudre un dysfonctionnement numérique.

RNCP35295 : TP - Technicien réseaux IP

> La certification RNCP35295 correspond au Titre Professionnel (TP) de Technicien Réseaux IP. Cette certification, enregistrée au Répertoire National des Certifications Professionnelles (RNCP) **au niveau 4** *(équivalent à un Baccalauréat)*, vise à former des techniciens capables d'intervenir sur l'architecture du réseau local pour l'étendre, le modifier ou diagnostiquer un dysfonctionnement.

Devenir un Expert IT

Le Technicien Réseaux IP installe et maintient des solutions VDI (Voix, Données, Images) telles que la téléphonie sur IP, les serveurs de fichiers et d'imprimantes déployés sur le réseau local, les installations simples de vidéo-surveillance ou d'autres solutions domotiques. Il connecte divers équipements numériques au réseau et effectue la recette de l'installation auprès de l'utilisateur.

Parmi ses activités, il étend le réseau physique en ajoutant de nouvelles prises cuivre ou optique, configure les équipements actifs du réseau, étend le réseau sans fil et met en place les équipements actifs (switch et routeurs) pour assurer la connectivité. En cas de problème de connectivité, il applique une démarche structurée de diagnostic et résout l'incident.

Les compétences attestées par cette certification incluent :

- **Intervenir sur un réseau IP :**
  - Connecter un équipement numérique au réseau IP.
  - Intervenir sur le câblage de l'infrastructure locale.
  - Installer et configurer les équipements réseau.
  - Intervenir sur un réseau d'entreprise sécurisé.

- **Installer et maintenir des solutions VDI (Voix, Données, Images) :**
  - Mettre en place un serveur de données.
  - Intervenir dans un domaine ActiveDirectory.
  - Intervenir sur des solutions IP domotiques ou vidéo.
  - Installer et maintenir un système de téléphonie IP.

RNCP Niveau 5 : Bac +2 (BTS, DUT)

RNCP31115 : TP - Technicien supérieur systèmes et réseaux

> La certification RNCP31115 correspond au Titre Professionnel (TP) de Technicien Supérieur Systèmes et Réseaux. Cette certification est enregistrée au Répertoire National des Certifications Professionnelles (RNCP) au niveau 5 *(équivalent à un BAC +2 : BTS ou DUT)*.

Devenir un Expert IT

Elle vise à former des techniciens supérieurs capables de participer à la mise en service et au maintien en condition opérationnelle de l'infrastructure informatique, en intervenant sur les systèmes et les réseaux, les éléments matériels et logiciels.

Le Technicien Supérieur Systèmes et Réseaux assiste les utilisateurs dans l'utilisation de leur équipement numérique, contribue au développement des compétences des utilisateurs, vérifie les sauvegardes de l'infrastructure, surveille les équipements systèmes et réseaux, et réagit en cas d'alertes.

Il intervient également sur le domaine ActiveDirectory, les moyens d'interconnexion des sites distants de l'entreprise, et les outils d'administration des services hébergés à l'externe.

Il maîtrise les langages de script pour automatiser les tâches et fait évoluer les scripts existants.

Les compétences attestées par cette certification incluent :

■ **Assister les utilisateurs en centre de services :**

- Mettre en service un équipement numérique.
- Assister les utilisateurs sur leurs équipements numériques.
- Gérer les incidents et les problèmes.
- Assister à l'utilisation des ressources collaboratives.

■ **Maintenir, exploiter et sécuriser une infrastructure centralisée :**

- Maintenir et exploiter le réseau local et la téléphonie.
- Sécuriser les accès à internet.
- Maintenir et exploiter un environnement virtualisé.
- .Maintenir et exploiter un domaine ActiveDirectory et les serveurs Windows.
- Maintenir et exploiter un serveur Linux.

■ **Maintenir et exploiter une infrastructure distribuée et contribuer à sa sécurisation :**

- Configurer les services de déploiement et de terminaux clients légers.
- Automatiser les tâches à l'aide de scripts.
- Maintenir et sécuriser les accès réseaux distants.
- Superviser l'infrastructure.
- Intervenir dans un environnement de Cloud Computing.
- Assurer sa veille technologique.

Devenir un Expert IT

- ■ **Certificats complémentaires de spécialisation (CCS) :**

  - Administrer les serveurs Linux :
  - Installer, paramétrer un service sous Linux.
  - S'appuyer sur les communautés d'utilisateurs.
  - Mettre une application en production.
  - Développer des scripts d'automatisation.
  - Superviser les serveurs Linux.

RNCP31114 : TP - Développeur web et web mobile

> La certification RNCP31114, intitulée "TP - Développeur web et web mobile", correspondent à un niveau 5 *(équivalent à un BAC +2 : BTS ou DUT)*.

Elle vise à former des développeurs spécialisés dans la conception, la création et la maintenance d'applications web et mobiles, en tenant compte des normes et des standards reconnus par la profession ainsi que des principes de sécurité informatique à toutes les étapes du développement. **Le développeur web et web mobile travaille sur la partie front-end (visuelle) et la partie back-end (serveur) des applications.**

Il est responsable de la conception de l'interface utilisateur, de la navigation, du codage et de la mise en œuvre des fonctionnalités interactives. Il peut également installer et adapter des solutions préétablies de gestion de contenu ou d'e-commerce selon les besoins des utilisateurs.

Dans le cadre de son travail, le développeur doit respecter les chartes graphiques, les règles d'accessibilité et les principes de sécurisation des interfaces utilisateur. Il doit également créer des bases de données et développer des composants d'accès aux données pour les afficher et les mettre à jour dans les applications web ou mobiles.

La certification comprend plusieurs compétences attestées, notamment :

- ■ **Développer la partie front-end d'une application web ou web mobile en intégrant les recommandations de sécurité :**

  - Maquetter une application.
  - Réaliser une interface utilisateur web statique et adaptable.

Devenir un Expert IT

- Développer une interface utilisateur web dynamique.
- Réaliser une interface utilisateur avec une solution de gestion de contenu ou e-commerce.

■ **Développer la partie back-end d'une application web ou web mobile en intégrant les recommandations de sécurité**

- Créer une base de données.
- Développer les composants d'accès aux données.
- Développer la partie back-end d'une application web ou web mobile.
- Élaborer et mettre en œuvre des composants dans une application de gestion de contenu ou e-commerce.

RNCP Niveau 6 : Bac + 3 (Licence, Bachelor)

RNCP36163 : TP - Administrateur réseau NetOps

> La certification RNCP36163, intitulée "TP - Administrateur réseau NetOps", correspond à **un niveau 6** de qualification *(BAC + 3 : Licence, Licence Professionnelle, Bachelor et équivalents).*

Elle vise à former des administrateurs réseau spécialisés dans l'automatisation de la configuration et du déploiement des équipements réseau au sein de réseaux LAN, WAN ou de datacenters.

L'administrateur réseau NetOps utilise des solutions centralisées et gérées dans le cloud pour administrer les équipements réseaux et les configurer. Il automatise la configuration des équipements réseau à l'aide de scripts et d'outils tels qu'Ansible.

Il supervise l'infrastructure réseau, définit des indicateurs de performance, diagnostique les dysfonctionnements et rétablit la connectivité.

Dans un datacenter, l'administrateur réseau NetOps met en place des infrastructures réseau virtualisées et adaptables à l'aide d'outils de virtualisation. Il installe et configure un contrôleur SDN afin de faciliter et automatiser la gestion ainsi que la supervision du réseau virtuel.

Devenir un Expert IT

En ce qui concerne les réseaux étendus (SD-WAN), l'administrateur réseau NetOps gère la priorité des flux pour garantir le niveau de service attendu et configure les liaisons VPN. Il définit et déploie des règles de sécurité pour chaque site distant, mais il diagnostique également et corrige les dysfonctionnements.

L'administrateur réseau NetOps doit maîtriser l'anglais pour lire et comprendre les documentations techniques et interagir sur des forums professionnels. Il doit également maintenir à jour ses compétences et maîtriser de nombreux outils et langages.

Il travaille généralement dans des entreprises de services du numérique (ESN), des opérateurs télécom, des sous-traitants, des directions des systèmes d'information (DSI) d'entreprises, d'administrations ou de collectivités territoriales.

Les compétences attestées par cette certification comprennent :

■ Automatiser la gestion d'un réseau local (SD-LAN) :

- Gérer une infrastructure réseau avec une solution clé en main gérée dans le cloud
- Automatiser la configuration et le déploiement des équipements réseau
- Automatiser la gestion d'une infrastructure réseau à l'aide d'un outil de type Ansible
- Automatiser la supervision du réseau local
- Automatiser la gestion d'un réseau local de datacenter (SD-DC) :
- Configurer et gérer des équipements réseau virtuels
- Piloter un réseau de datacenter à l'aide d'un contrôleur SDN
- Automatiser la gestion de la sécurité dans un datacenter

■ Automatiser la gestion d'un réseau étendu (SD-WAN) :

- Gérer une infrastructure SD-WAN avec une solution clé en main
- Automatiser le déploiement et la supervision de l'infrastructure de réseau étendu
- Automatiser le déploiement de la sécurité dans un réseau étendu
- Échanger sur des réseaux professionnels éventuellement en anglais

Devenir un Expert IT

RNCP35634 : TP - Concepteur designer UI

> La certification RNCP35634, intitulée "TP - Concepteur designer UI" (User Interface), correspond à un niveau 6 de qualification *(BAC + 3 : Licence, Licence Professionnelle, Bachelor et équivalents)*.

Elle vise à former des professionnels spécialisés dans la conception et la réalisation d'interfaces utilisateur pour des outils de communication numériques adaptés à divers supports de publication et de communication.

Le concepteur designer UI est responsable de la création et de l'adaptation d'une charte graphique, de la réalisation de visuels, de maquettes et d'animations. Il utilise des logiciels professionnels, des frameworks et des langages informatiques pour intégrer les médias dans des sites web et des applications.

Il assure la compatibilité et la performance en testant ses réalisations sur différents périphériques et navigateurs, tout en respectant les bonnes pratiques et les règles de sécurité.

Le concepteur designer UI participe à la gestion d'un projet numérique en ligne en assurant une veille technique et concurrentielle.

Il analyse les besoins du client, conçoit des prototypes interactifs, réalise des outils de promotion et de communication, optimise le projet à l'aide de tests et d'outils d'analyse webmarketing, et travaille à l'amélioration de l'ergonomie et de l'expérience utilisateur.

L'emploi de concepteur designer UI peut être exercé dans des structures publiques ou privées, ou en tant que prestataire de services indépendant.

Il collabore avec divers experts tels que chefs de projet, directeurs artistiques, intégrateurs front-end, UX designers, développeurs, spécialistes du marketing ou du webmarketing, motion designers et community managers.

Devenir un Expert IT

Les compétences attestées par cette certification comprennent :

■ **Concevoir les éléments graphiques d'une interface et de supports de communication :**

- Réaliser des illustrations, des graphismes et des visuels
- Concevoir des interfaces graphiques et des prototypes
- Réaliser une animation pour différents supports de diffusion
- Créer des supports de communication

■ **Contribuer à la gestion et au suivi d'un projet de communication numérique :**

- Mettre en œuvre une stratégie webmarketing
- Assurer une veille professionnelle et développer les compétences collectives de son équipe
- Réaliser, améliorer et animer des sites web :
- Intégrer des pages web
- Adapter des systèmes de gestion de contenus
- Optimiser en continu un site web ou une interface

RNCP Niveau 6 : Bac +3 (Licence, Bachelor)

RNCP36061 : TP - Administrateur système DevOps

> La certification RNCP36061, intitulée "TP - Administrateur système DevOps", correspond à **un niveau 6 de qualification** *(BAC + 3 : Licence, Licence Professionnelle, Bachelor et équivalents).*

Elle vise à former des professionnels spécialisés dans l'automatisation du déploiement des infrastructures sur un cloud privé, public ou hybride, ainsi que le déploiement continu des applications.

L'administrateur système DevOps travaille en étroite collaboration avec les équipes de développeurs, les responsables techniques, les équipes réseau et sécurité, et les fournisseurs de solutions d'hébergement. Il automatise la configuration des équipements réseau à l'aide de scripts et d'outils tels qu'Ansible.

Devenir un Expert IT

Il supervise l'infrastructure réseau, définit des indicateurs de performance, diagnostique les dysfonctionnements et rétablit la connectivité.

Dans un datacenter, l'administrateur réseau NetOps met en place des infrastructures réseau virtualisées et adaptables à l'aide d'outils de virtualisation. Il installe et configure un contrôleur SDN afin de faciliter et automatiser la gestion ainsi que la supervision du réseau virtuel.

En ce qui concerne les réseaux étendus (SD-WAN), l'administrateur réseau NetOps gère la priorité des flux pour garantir le niveau de service attendu et configure les liaisons VPN.

Il définit et déploie des règles de sécurité pour chaque site distant, mais il diagnostique également et corrige les dysfonctionnements.

Les compétences attestées par cette certification incluent :

■ Automatiser le déploiement d'une infrastructure dans le cloud :

- Automatiser la création de serveurs à l'aide de scripts
- Automatiser le déploiement d'une infrastructure
- Sécuriser l'infrastructure
- Mettre l'infrastructure en production dans le cloud

■ Déployer en continu une application :

- Préparer un environnement de test
- Gérer le stockage des données
- Gérer des containers
- Automatiser la mise en production d'une application avec une plateforme

■ Superviser les services déployés :

- Définir et mettre en place des statistiques de services
- Exploiter une solution de supervision
- Échanger sur des réseaux professionnels éventuellement en anglais

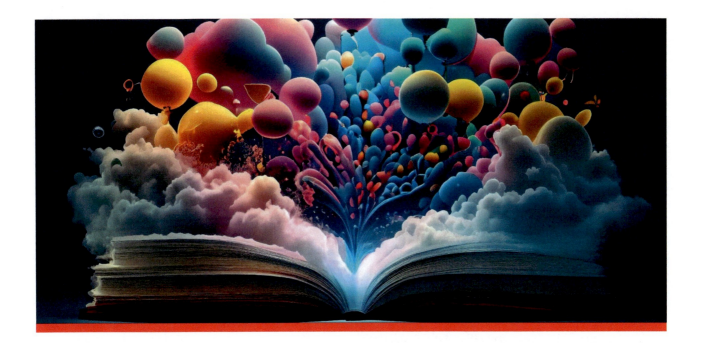

Apprendre à apprendre

Dans ce chapitre, nous explorerons différentes techniques et stratégies pour optimiser votre apprentissage et vous aider à tirer le meilleur parti de vos efforts éducatifs.

En maîtrisant ces méthodes, vous serez en mesure de maximiser votre potentiel et d'atteindre vos objectifs professionnels et personnels dans le domaine passionnant de l'IT.

Apprendre efficacement

Dans notre monde en constante évolution, l'apprentissage efficace est devenu un élément crucial pour s'adapter et prospérer, que ce soit sur le plan professionnel ou personnel. Il est d'autant plus important dans le domaine de l'IT, où les technologies et les compétences requises évoluent rapidement.

Devenir un Expert IT

Maîtriser l'art d'apprendre efficacement permet non seulement d'acquérir de nouvelles connaissances et compétences, mais aussi de les retenir et de les appliquer de manière efficiente dans diverses situations.

L'apprentissage efficace présente plusieurs avantages :

- **GAIN DE TEMPS :**

En optimisant les méthodes d'apprentissage, on peut réduire le temps nécessaire pour assimiler et maîtriser de nouvelles compétences.

- **MEILLEURE RÉTENTION DE L'INFORMATION :**

Les techniques d'apprentissage efficace favorisent une meilleure compréhension et mémorisation des concepts, ce qui facilite leur réutilisation ultérieure.

- **ADAPTABILITÉ :**

Être capable d'apprendre rapidement et efficacement permet de s'adapter aux changements et de rester compétitif sur le marché du travail, en particulier dans le secteur de l'IT.

- **AMÉLIORATION DE LA CONFIANCE EN SOI :**

Lorsqu'on parvient à apprendre de manière efficiente, cela renforce la confiance en ses propres capacités et la motivation pour relever de nouveaux défis.

- **ÉPANOUISSEMENT PERSONNEL ET PROFESSIONNEL :**

Un apprentissage efficace contribue à développer les compétences nécessaires pour progresser dans sa carrière et à acquérir une meilleure compréhension du monde qui nous entoure.

Devenir un Expert IT

Prise de notes intelligente

Prendre des notes est une compétence essentielle pour faciliter l'apprentissage et la rétention des informations.

Une prise de notes intelligente permet de mieux organiser les concepts, de faciliter la révision et de renforcer la compréhension.

Voici quelques conseils pour optimiser votre prise de notes et tirer le meilleur parti de cette technique d'apprentissage :

 Choisissez la méthode qui vous convient le mieux :

Il existe différentes méthodes de prise de notes, telles que la méthode linéaire (prise de notes sous forme de listes), la méthode Cornell (diviser la page en sections pour les questions, les notes et les résumés), ou encore le mind mapping (schémas représentant les liens entre les idées). Testez différentes méthodes et adoptez celle qui vous convient le mieux.

 Utilisez des abréviations et des symboles :

Gagnez du temps et de l'espace en utilisant des abréviations courantes et des symboles pour représenter des mots ou des idées. Ainsi, cela facilitera également la révision ultérieure.

Soyez sélectif :

Ne cherchez pas à tout écrire mot pour mot. Concentrez-vous sur les points clés, les idées principales et les détails pertinents. Évitez de noter des informations facilement accessibles, comme celles que l'on peut trouver dans un manuel ou sur Internet.

Utilisez des couleurs et des hiérarchies :

Employez des couleurs, des surligneurs ou des caractères gras pour mettre en évidence les informations importantes. Structurez vos notes en hiérarchisant les titres, les sous-titres et les listes à puces pour faciliter la compréhension et la mémorisation.

Reliez les concepts :

Essayez de mettre en évidence les liens entre les idées et les concepts pour faciliter la compréhension et la mémorisation. Utilisez des flèches, des symboles ou des codes couleur pour représenter les relations entre les informations.

Résumez et reformulez :

Au lieu de recopier les informations telles quelles, reformulez-les avec vos propres mots. En effet, cela vous aidera à mieux comprendre et retenir les concepts.

Revoyez vos notes régulièrement :

La révision est un élément clé de la prise de notes efficace. Relisez vos notes peu après la session d'apprentissage, puis à intervalles réguliers par la suite. Cela renforcera la rétention des informations et facilitera la révision ultérieure.

Devenir un Expert IT

En maîtrisant l'art de prendre des notes efficacement, vous améliorerez non seulement votre compréhension et votre rétention des informations, mais aussi votre capacité à organiser et structurer vos connaissances.

De mon côté, pour la prise de notes, j'utilise l'application Evernote.

 Cet outil numérique est extrêmement pratique et polyvalent, me permettant d'organiser, de catégoriser et de synchroniser mes notes sur plusieurs appareils. J'apprécie particulièrement la facilité de recherche offerte par Evernote, ce qui me permet de retrouver rapidement des informations précises lorsque j'en ai besoin.

 Pour les utilisateurs d'Apple, il existe un équivalent appelé Bear. Bear propose des fonctionnalités similaires à celles d'Evernote et est spécialement conçu pour s'intégrer parfaitement à l'écosystème Apple.

➡ Que vous choisissiez Evernote, Bear ou une autre application, l'important est de trouver un outil de prise de notes qui vous convient et qui vous aide à optimiser votre processus d'apprentissage.

 Cela vous aidera à monter en compétences rapidement et à atteindre vos objectifs d'apprentissage dans le domaine de l'IT.

Devenir un Expert IT

Répétition et révision

La répétition et la révision sont des éléments clés pour renforcer l'apprentissage et assurer une mémorisation solide et durable.

Dans le domaine de l'IT, où les compétences et les connaissances évoluent rapidement, il est crucial de s'appuyer sur ces techniques pour rester à jour et compétent.

Voici pourquoi la répétition et la révision sont si importantes et comment les mettre en œuvre efficacement :

 ### La courbe de l'oubli :

La courbe de l'oubli, découverte par le psychologue allemand Hermann Ebbinghaus, montre que la mémoire diminue rapidement après l'apprentissage initial, puis se stabilise avec le temps. Pour contrer cet effet, la répétition et la révision sont essentielles pour consolider les informations et ralentir la perte de mémoire.

 ### Renforcement des connexions neuronales :

La répétition et la révision contribuent à renforcer les connexions neuronales et à créer de nouvelles associations dans le cerveau. Ainsi, cela facilite l'accès aux informations et améliore la mémoire à long terme, ce qui est particulièrement important dans un secteur aussi exigeant que l'IT.

Devenir un Expert IT

 Identifier les lacunes :

Réviser régulièrement le contenu appris permet d'identifier les lacunes dans votre compréhension et de combler ces manques en approfondissant vos connaissances. Cela vous permet de mieux maîtriser les compétences requises dans votre domaine professionnel.

 Mise en pratique :

La répétition et la révision facilitent la mise en pratique des connaissances et compétences acquises. En révisant régulièrement, vous serez plus à l'aise pour appliquer ces compétences dans des situations réelles, ce qui est essentiel pour réussir dans le domaine de l'IT.

Pour tirer le meilleur parti de la répétition et de la révision, voici quelques conseils à suivre :

- **PLANIFIEZ :**

 Établissez un calendrier de révision qui inclut des sessions régulières et courtes, plutôt que de longues séances ponctuelles. Cela vous aidera à mieux répartir votre charge de travail et à éviter la fatigue cognitive.

- **ESPACEMENT :**

 Utilisez la technique de l'espacement, qui consiste à espacer les révisions dans le temps. Commencez par des intervalles courts, puis augmentez progressivement la durée entre les révisions. Cette méthode a été démontrée comme étant particulièrement efficace pour améliorer la mémoire à long terme.

Devenir un Expert IT

- **RÉPÉTEZ ACTIVEMENT :**

 Plutôt que de simplement relire vos notes, impliquez-vous activement dans le processus de révision. Posez-vous des questions, expliquez les concepts à voix haute ou enseignez le contenu à quelqu'un d'autre. **Ces techniques favorisent une meilleure compréhension et mémorisation.**

- **VARIEZ LES MÉTHODES :**

 Alternez les méthodes de révision pour éviter la monotonie et maintenir votre intérêt. Combinez lecture, écriture, écoute et mise en pratique pour stimuler différentes zones du cerveau et renforcer l'apprentissage.

➲ En intégrant la répétition et la révision dans votre stratégie d'apprentissage, vous serez mieux équipé pour maîtriser les compétences et les connaissances nécessaires dans le domaine de l'IT.

 À long terme, cela vous aidera à vous adapter aux changements rapides du secteur, à exceller dans votre carrière et à vous épanouir en tant que professionnel de l'informatique.

Savoir s'organiser

Définir des objectifs SMART

L'une des clés pour un apprentissage réussi est de définir des objectifs clairs et réalisables.

Les objectifs SMART sont un excellent moyen de structurer vos objectifs d'apprentissage pour vous assurer qu'ils sont bien définis et atteignables.

En intégrant la répétition et la révision dans votre stratégie d'apprentissage, vous serez mieux équipé pour maîtriser les compétences et les connaissances nécessaires dans le domaine de l'IT.
SMART est un acronyme qui signifie Spécifique, Mesurable, Atteignable, Réaliste et Temporellement défini.

Voici comment appliquer la méthode SMART à vos objectifs d'apprentissage dans le domaine de l'IT :

Spécifique :

Un objectif spécifique est clair et précis, évitant les généralités ou les formulations vagues. Par exemple, au lieu de dire "Je veux devenir meilleur en programmation", un objectif spécifique serait "Je veux apprendre à maîtriser le langage Python pour le développement web". Cela vous aidera à concentrer vos efforts et à déterminer les ressources et les actions nécessaires pour atteindre votre objectif.

Mesurable :

Un objectif mesurable permet de quantifier vos progrès et de vérifier si vous êtes sur la bonne voie pour l'atteindre. Dans l'exemple précédent, un objectif mesurable pourrait être "Je veux être capable de créer une application web simple en Python d'ici trois mois". En définissant des indicateurs de réussite, vous pouvez suivre vos progrès et adapter votre stratégie d'apprentissage si nécessaire.

Devenir un Expert IT

Atteignable :

Vos objectifs d'apprentissage doivent être réalistes et réalisables, compte tenu de vos compétences actuelles, de vos ressources et de votre situation. Un objectif inatteignable peut vous décourager et vous frustrer. Dans notre exemple, si vous êtes débutant en programmation, il serait peut-être plus approprié de viser à maîtriser les bases de Python avant de vous lancer dans le développement web.

Réaliste :

Un objectif réaliste tient compte de vos contraintes et de vos limites. Par exemple, si vous travaillez à temps plein et avez des responsabilités familiales, il pourrait ne pas être réaliste de consacrer 20 heures par semaine à l'apprentissage de Python. Ajustez vos objectifs en fonction de votre situation et de vos priorités pour éviter la frustration et l'épuisement.

Temporellement défini :

Fixez une échéance pour atteindre vos objectifs d'apprentissage. Ainsi, cela vous aidera à rester concentré et à maintenir un sentiment d'urgence afin de progresser. Dans notre exemple, vous pourriez décider d'apprendre les bases de Python en deux mois, puis de passer aux concepts avancés et au développement web au cours des mois suivants.

➡ En utilisant la méthode SMART pour définir vos objectifs d'apprentissage, vous aurez une feuille de route claire et structurée pour progresser dans votre parcours professionnel dans le domaine de l'IT.

 Les objectifs SMART vous aideront à rester concentré, à évaluer vos progrès et à adapter votre stratégie d'apprentissage en conséquence, ce qui maximisera vos chances de succès.

Devenir un Expert IT

Organiser son temps

L'organisation est un élément essentiel pour apprendre efficacement et tirer le meilleur parti de votre temps et de vos ressources.

En planifiant et en structurant votre processus d'apprentissage, vous serez en mesure de progresser de manière davantage régulière et efficace.

Voici quelques conseils pour organiser votre temps et vos ressources dans le cadre de votre apprentissage dans le domaine de l'IT :

 ### Établir un emploi du temps :

Créez un emploi du temps détaillé qui répartit clairement vos sessions d'étude et de révision tout au long de la semaine. En planifiant , vous serez en mesure de répartir votre charge de travail de manière plus équilibrée et de vous assurer que vous consacrez suffisamment de temps à chaque sujet ou compétence.

 ### Définir des priorités :

Identifiez les domaines dans lesquels vous devez vous concentrer davantage et établissez des priorités en conséquence. Cela vous permettra de consacrer votre temps et votre énergie aux compétences et aux connaissances les plus pertinentes pour votre objectif professionnel.

Devenir un Expert IT

 ### Utiliser des outils de gestion du temps :

Adoptez des outils et des techniques de gestion du temps pour vous aider à organiser et à suivre votre progression. Des applications de calendrier, des listes de tâches et des outils de suivi du temps peuvent vous aider à rester concentré et à optimiser votre productivité.

 ### Rassembler et organiser les ressources :

Rassemblez toutes les ressources d'apprentissage dont vous aurez besoin, comme les livres, les cours en ligne, les articles et les tutoriels. Triez-les par sujet ou par compétence et organisez-les de manière logique pour faciliter l'accès et la consultation. Utilisez des outils de gestion de documents et de signets pour conserver et classer les ressources numériques.

 ### Créer un environnement d'étude adapté :

Aménagez un espace d'étude confortable, bien éclairé et calme, où vous pourrez vous concentrer pleinement sur votre apprentissage. Veillez à disposer de tous les équipements et fournitures nécessaires pour éviter les distractions et optimiser votre temps d'étude.

 ### Se fixer des limites :

Apprenez à dire non aux distractions et aux sollicitations extérieures lorsque vous devez étudier. Définissez des limites claires entre votre temps d'apprentissage et vos autres activités, et respectez ces limites pour rester concentré et efficace.

➡ En organisant efficacement votre temps et vos ressources, vous créerez les conditions optimales pour un apprentissage réussi et continu dans le domaine de l'IT.

 Cela vous permettra non seulement d'acquérir de nouvelles compétences et connaissances, mais aussi d'améliorer votre confiance en vous et votre épanouissement professionnel.

Devenir Certifié

Gérer son stress

Passer un examen, surtout dans le domaine de l'IT, peut être une source de stress importante pour de nombreuses personnes.

Toutefois, il est essentiel de savoir gérer ce stress pour optimiser vos performances et réussir votre examen.

Voici quelques techniques et conseils pour vous aider à gérer le stress pendant un examen :

 Préparation adéquate :

Une bonne préparation est la clé pour réduire le stress pendant un examen. Assurez-vous d'avoir étudié et révisé de manière approfondie, en suivant les conseils mentionnés précédemment. Cela vous permettra de vous sentir plus en confiance et mieux armé pour affronter l'examen.

 Respiration profonde :

La respiration profonde est une technique simple et efficace pour réduire le stress. Prenez quelques instants avant le début de l'examen pour fermer les yeux et inspirer profondément par le nez, puis expirez lentement par la bouche. Répétez cette technique plusieurs fois pour vous détendre et calmer votre esprit.

Devenir un Expert IT

 Visualisation positive :

Imaginez-vous réussir l'examen avec succès et imaginez la satisfaction que vous ressentirez une fois l'examen terminé. Cette visualisation positive peut vous aider à vous sentir plus confiant et moins stressé.

 Gestion du temps :

Pendant l'examen, gardez un œil sur le temps et répartissez-le de manière équilibrée entre les différentes sections et questions. Essayez de ne pas vous attarder trop longtemps sur une question difficile et n'hésitez pas à passer à la suivante si nécessaire. Vous pourrez toujours revenir à une question plus tard si vous avez du temps.

 Pause mentale :

Si vous sentez que le stress vous envahit pendant l'examen, accordez-vous une courte pause mentale. Fermez les yeux, respirez profondément et concentrez-vous sur quelque chose de relaxant, comme un paysage paisible ou un souvenir heureux. Cette pause de quelques secondes peut vous aider à réinitialiser votre esprit et à retrouver votre concentration.

 Éviter la comparaison :

Ne vous comparez pas aux autres candidats pendant l'examen. Chacun a son propre rythme et ses propres compétences. Concentrez-vous sur votre propre performance et faites de votre mieux pour répondre aux questions.

➡ Rappelez-vous que l'examen n'est qu'une étape de votre parcours professionnel dans le domaine de l'IT. Même si vous ne réussissez pas cette fois-ci, vous aurez d'autres opportunités pour montrer vos compétences et progresser dans votre carrière.

En adoptant ces techniques de gestion du stress pendant un examen, vous serez en mesure de mieux gérer votre anxiété et d'optimiser vos performances.

Devenir un Expert IT

 Cela vous permettra d'aborder l'examen avec confiance et sérénité, augmentant ainsi vos chances de réussite.

Maintenir la motivation et l'engagement

Dans le domaine de l'IT, il est essentiel de maintenir un niveau élevé de motivation et d'engagement afin de rester compétent et progresser dans votre carrière.

L'apprentissage continu et le développement de nouvelles compétences sont indispensables, mais cela peut être difficile si vous ne parvenez pas à maintenir votre motivation.

Voici quelques conseils pour vous aider à rester motivé et engagé dans votre parcours d'apprentissage :

- **FIXEZ DES OBJECTIFS CLAIRS :**

 Avoir des objectifs précis et réalistes vous permettra de mieux visualiser le chemin à parcourir et de mesurer vos progrès. Utilisez la méthode SMART pour définir des objectifs qui vous tiennent à cœur et qui correspondent à vos ambitions professionnelles.

- **CÉLÉBREZ VOS SUCCÈS :**

Chaque fois que vous atteignez un objectif, comme celui de réussir un examen IT, prenez le temps de célébrer votre réussite. Cela peut être aussi simple que de vous offrir une petite récompense ou de partager votre succès avec vos proches. Célébrer vos accomplissements vous aidera à maintenir votre motivation et à renforcer votre confiance en vous.

- **TROUVEZ DES SOURCES D'INSPIRATION :**

Entourez-vous de personnes qui vous inspirent et qui partagent vos centres d'intérêt. Rejoignez des groupes ou des forums en ligne liés à l'IT pour échanger avec des personnes ayant les mêmes aspirations que vous. Lisez des articles, écoutez des podcasts ou regardez des vidéos d'experts du domaine pour vous inspirer et vous motiver.

- **DÉVELOPPEZ UNE ROUTINE D'APPRENTISSAGE :**

Établissez une routine d'étude régulière qui s'adapte à votre emploi du temps et à votre style de vie. En créant des habitudes d'apprentissage, vous serez plus susceptible de rester engagé et de progresser dans vos compétences.

- **VARIEZ LES MÉTHODES D'APPRENTISSAGE :**

Pour éviter la monotonie, explorez différentes méthodes d'apprentissage et variez les supports. Alternez entre lectures, cours en ligne, vidéos, exercices pratiques et autres ressources pour stimuler votre intérêt et votre engagement.

- **PENSEZ À LONG TERME :**

Gardez en tête vos objectifs professionnels à long terme et rappelez-vous pourquoi vous avez choisi de vous lancer dans le domaine de l'IT. En vous concentrant sur les avantages futurs de votre apprentissage, vous serez plus enclin à rester motivé et engagé.

Devenir un Expert IT

- **GÉREZ VOTRE STRESS :**

 Apprenez à gérer votre stress et à vous détendre pour éviter le burn-out. Adoptez des techniques de relaxation, accordez-vous des pauses régulières et maintenez un équilibre entre travail, apprentissage et vie personnelle.

- **N'AYEZ PAS PEUR DE L'ÉCHEC :**

 Comprenez que l'échec fait partie du processus d'apprentissage. Ne vous découragez pas si vous rencontrez des difficultés, mais considérez-les plutôt comme des opportunités d'apprendre et de vous améliorer.

➡ En suivant ces conseils, vous serez en mesure de maintenir votre motivation et votre engagement tout au long de votre parcours d'apprentissage dans le domaine de l'IT.

Cela vous permettra de progresser constamment, d'acquérir de nouvelles compétences et de vous épanouir professionnellement.

N'oubliez pas que la réussite dans le domaine de l'IT nécessite un investissement continu en termes de temps et d'efforts, et que la motivation ainsi que l'engagement sont essentiels pour surmonter les défis et atteindre vos objectifs.

 Restez curieux, passionné et déterminé, et vous verrez que les opportunités de croissance et de succès dans l'IT sont nombreuses et gratifiantes.

Devenir un Expert IT

Surmonter les obstacles et les échecs

Dans votre parcours d'apprentissage et votre carrière dans le domaine de l'IT, vous rencontrerez inévitablement des obstacles et des échecs.

Il est important de comprendre que ces expériences font partie intégrante du processus d'apprentissage et qu'elles peuvent vous aider à grandir et à vous améliorer.

Voici quelques conseils pour surmonter les obstacles et les échecs :

Adoptez une mentalité de croissance :

Une mentalité de croissance consiste à croire que vos compétences et vos capacités peuvent être développées et améliorées grâce à l'effort et à la persévérance. En adoptant cette mentalité, vous serez plus enclin à voir les défis et les échecs comme des opportunités d'apprentissage, plutôt que comme des limites insurmontables.

Analysez l'échec :

Prenez le temps d'analyser l'échec et d'identifier les facteurs qui ont contribué à celui-ci. Cela vous permettra de comprendre ce qui n'a pas fonctionné et de mettre en place des stratégies pour éviter de répéter les mêmes erreurs à l'avenir.

Devenir un Expert IT

 ### Développez la résilience :

La résilience est la capacité à rebondir face à l'adversité et à persévérer malgré les défis. Pour développer cette compétence, apprenez à accepter les échecs comme faisant partie du processus d'apprentissage et à vous concentrer sur les leçons que vous pouvez en tirer.

 ### Trouvez du soutien :

Lorsque vous faites face à des obstacles ou à des échecs, il peut être utile de partager vos expériences avec des personnes qui peuvent vous soutenir et vous encourager. Que ce soit des collègues, des amis ou des mentors, ces personnes peuvent vous aider à garder une perspective positive et à rester motivé pour surmonter les défis.

 ### Soyez patient :

L'apprentissage et la maîtrise de nouvelles compétences dans le domaine de l'IT peuvent prendre du temps, et il est important de faire preuve de patience envers vous-même et envers le processus. Comprenez que les obstacles et les échecs sont temporaires et que la persévérance et l'effort finiront par payer.

➡ En acceptant et en embrassant les obstacles et les échecs comme des opportunités d'apprentissage, vous serez en mesure de vous adapter, de vous améliorer et de progresser dans votre carrière dans le domaine de l'IT.

 Rappelez-vous que le succès est souvent le résultat de nombreuses tentatives et d'une attitude résiliente face aux défis.

Décrocher un emploi

Créer son CV

Créer un CV efficace est essentiel pour les professionnels de l'IT qui cherchent à se démarquer sur le marché du travail.

Voici quelques points importants à considérer lors de la création de votre CV ainsi que des outils qui pourraient vous aider :

Format et présentation :

- Optez pour un format clair et facile à lire, en utilisant des titres, des listes à puces et un espacement approprié. **Assurez-vous que votre CV tient sur une ou deux pages maximum.**

En-tête :

- Incluez vos coordonnées (nom, adresse, numéro de téléphone et adresse e-mail) en haut de votre CV. **Vous pouvez également ajouter des liens vers vos profils de réseaux sociaux professionnels** (comme LinkedIn) et **votre portfolio en ligne, si vous en avez un.**

Devenir un Expert IT

Profil professionnel :

- Rédigez un bref résumé de votre expérience professionnelle, de vos compétences et de vos objectifs de carrière. **Adaptez ce profil pour chaque poste auquel vous postulez en mettant l'accent sur les compétences et l'expérience les plus pertinentes.**

Expérience professionnelle :

- Énumérez vos postes précédents en commençant par le plus récent, en mentionnant le nom de l'entreprise, la durée de votre emploi et un bref résumé de vos réalisations et responsabilités. Utilisez des termes spécifiques au domaine de l'IT pour décrire vos compétences et les technologies que vous avez utilisées.

Compétences techniques :

- Mettez en évidence vos compétences techniques en créant une section dédiée.
- Incluez les langages de programmation, les systèmes d'exploitation, les logiciels, les protocoles réseau et autres compétences spécifiques à l'IT que vous maîtrisez.

Éducation et certifications :

- Indiquez vos diplômes et certifications, en commençant par le plus récent.
- Pour les certifications, mentionnez l'organisme de certification, la date d'obtention et, si nécessaire, la date d'expiration.

Projets :

- Mentionnez des projets significatifs sur lesquels vous avez travaillé, en décrivant brièvement le projet, votre rôle et les technologies utilisées.
- Les projets personnels, les contributions à des projets open source et les réalisations lors de hackathons peuvent également être inclus.

Devenir un Expert IT

Soft skills :

- N'oubliez pas d'inclure des compétences non techniques (soft skills) pertinentes, telles que la communication, la gestion du temps, la résolution de problèmes et l'esprit d'équipe.

Langues :

- Si vous parlez plusieurs langues, indiquez-les dans une section distincte, en précisant votre niveau de maîtrise.

Références :

- Bien qu'il ne soit pas nécessaire d'inclure des références sur votre CV, mentionnez simplement que celles-ci sont disponibles sur demande.

Outils pour créer un CV professionnel :

- **Canva (www.canva.com) :** Un outil en ligne de conception graphique qui propose des modèles de CV personnalisables.

- **CVDesignR (www.cvdesignr.com) :** Un outil de création de CV en ligne qui propose des modèles de CV modernes et personnalisables. L'interface est simple d'utilisation et vous pouvez exporter votre CV au format PDF.

Devenir un Expert IT

- **MyCVFactory (www.mycvfactory.com) :** Une plateforme proposant des modèles de CV professionnels et des conseils pour la rédaction de CV. Vous pouvez personnaliser les modèles en fonction de votre secteur et de vos préférences.

- **DoYouBuzz (www.doyoubuzz.com/fr) :** Un créateur de CV en ligne qui permet de concevoir un CV avec une mise en page moderne et élégante. Vous pouvez choisir parmi plusieurs modèles de CV, ajouter des images, des liens et des vidéos, puis exporter votre CV au format PDF ou Word.

- **MonCVparfait (www.moncvparfait.fr) :** Un outil en ligne proposant une variété de modèles de CV et de lettres de motivation, avec des conseils pour optimiser votre candidature. Personnalisez votre CV en choisissant parmi les différentes options de mise en page, de police et de couleur.

- **CVwizard (www.cvwizard.fr) :** Un créateur de CV simple et rapide qui vous guide étape par étape dans la création de votre CV. Sélectionnez un modèle, complétez les informations requises, puis téléchargez votre CV au format PDF ou Word.

- **LiveCareer (www.livecareer.fr) :** Une plateforme proposant des modèles de CV, des exemples et des conseils pour vous aider à créer un CV professionnel. Vous pouvez personnaliser les modèles et exporter votre CV au format PDF ou Word.

➡ Ces outils en français vous aideront à concevoir un CV attrayant et professionnel qui mettra en valeur vos compétences et votre expérience dans le domaine de l'IT.

 Prenez le temps de personnaliser votre CV pour chaque poste auquel vous postulez afin d'augmenter vos chances de réussite.

Devenir un Expert IT

Rédiger sa lettre de motivation

Voici quelques conseils pour réussir à créer une lettre de motivation efficace et convaincante :

Structure claire :

- Assurez-vous que votre lettre soit bien structurée, avec une introduction, des paragraphes pour développer vos arguments, et une conclusion. Utilisez des espacements et des marges adéquates pour faciliter la lecture.

Ton professionnel :

- Adoptez un ton professionnel et poli, tout en restant authentique. Évitez un langage trop informel ou familier.

Personnalisez l'en-tête :

- Adressez-vous directement à la personne concernée en utilisant son nom et son titre, si possible. Si vous ne trouvez pas cette information, utilisez une formule neutre comme "Madame, Monsieur".

Devenir un Expert IT

Accroche percutante :

- Commencez par une introduction captivante qui explique pourquoi vous êtes intéressé par le poste et l'entreprise. Montrez votre enthousiasme et démontrez que vous avez fait des recherches sur l'entreprise.

Valorisez vos compétences :

- Mettez en avant vos compétences et expériences les plus pertinentes pour le poste. Utilisez des exemples concrets pour démontrer comment vous avez utilisé ces compétences dans des situations réelles.

Adaptez-vous aux besoins de l'entreprise :

- Montrez que vous avez compris les besoins de l'entreprise et expliquez comment vous pourriez contribuer à répondre à ces derniers. Reliez vos compétences et expériences aux exigences du poste.

Soyez concis :

- Une lettre de motivation doit être courte et concise, généralement d'une page. Allez droit au but et évitez de répéter des informations déjà présentes dans votre CV.

Soignez la présentation :

- Assurez-vous que votre lettre soit bien présentée, sans fautes d'orthographe ou de grammaire. Relisez-la attentivement et faites-la relire par quelqu'un d'autre si possible.

Conclusion positive :

- Terminez votre lettre en réaffirmant votre intérêt pour le poste et en invitant l'employeur à vous contacter pour discuter de votre candidature. Remerciez-le pour son temps et sa considération.

Devenir un Expert IT

➡️ Enfin, il est crucial de personnaliser votre lettre de motivation pour chaque poste auquel vous postulez. **Ne faites pas simplement un copier/coller d'une lettre générique.**

➡️ Adaptez votre lettre en fonction des exigences du poste et des spécificités de l'entreprise.

> *Cela montrera que vous avez pris le temps de vous renseigner sur l'entreprise et que vous êtes réellement intéressé par le poste, ce qui augmentera vos chances de succès.*

Rédiger sa lettre de motivation

Voici quelques conseils pour réussir un entretien d'embauche dans le domaine de l'informatique IT :

- Préparez-vous en recherchant l'entreprise et en comprenant son secteur d'activité, sa culture et ses défis.

- Revoyez les compétences techniques et les concepts liés au poste pour lequel vous postulez.

- Réfléchissez à des exemples concrets de votre expérience professionnelle où vous avez démontré les compétences requises pour le poste.

- Pratiquez des questions d'entretien courantes et préparez des réponses structurées.

- Soyez prêt à résoudre des problèmes techniques ou à discuter de projets passés lors de l'entretien.

- Présentez-vous de manière professionnelle et soyez ponctuel.

- Écoutez attentivement les questions, demandez des éclaircissements si nécessaire et répondez de manière concise et précise.

- N'hésitez pas à poser des questions sur l'entreprise, l'équipe et les attentes du poste.

Devenir un Expert IT

Trouver sa première opportunité

Trouver votre première opportunité professionnelle dans le secteur de l'IT peut sembler intimidant, mais en suivant ces conseils, vous serez en mesure de mettre en avant vos compétences et d'attirer l'attention des employeurs potentiels.

- **RÉPAREZ UN CV SOLIDE :**

Votre CV est le premier élément que les recruteurs et employeurs verront. Assurez-vous qu'il met en valeur vos compétences techniques, vos soft skills et vos expériences pertinentes. Adaptez votre CV à chaque candidature en mettant l'accent sur les compétences spécifiques requises pour le poste.

- **CRÉEZ UN PORTFOLIO EN LIGNE :**

Un portfolio en ligne est un excellent moyen de présenter vos projets et réalisations. Incluez des exemples de votre travail, des détails sur les technologies utilisées et des liens vers vos profils GitHub ou autres plateformes de partage de code.

- **UTILISEZ LES RÉSEAUX SOCIAUX PROFESSIONNELS :**

Créez un profil sur des sites tels que LinkedIn pour vous connecter avec des professionnels de l'IT et rester informé des nouvelles opportunités d'emploi. Soyez actif, participez aux discussions et rejoignez des groupes spécifiques à votre domaine d'expertise.

Devenir un Expert IT

- **RÉSEAUTAGE :**

 Assistez à des événements de l'industrie, des conférences et des meetups pour rencontrer des personnes travaillant dans le secteur de l'IT. Établir des contacts peut vous aider à découvrir des opportunités d'emploi qui ne sont pas nécessairement publiées en ligne.

- **POSTULEZ À DES STAGES ET DES EMPLOIS TEMPORAIRES :**

 Les stages et les emplois temporaires sont d'excellentes occasions d'acquérir de l'expérience pratique et de vous familiariser avec le secteur de l'IT. Ces expériences peuvent vous aider à développer votre réseau professionnel et à décrocher un emploi permanent.

- **PRÉPAREZ-VOUS POUR LES ENTRETIENS :**

 Une fois que vous avez décroché un entretien, assurez-vous de bien vous préparer. Faites des recherches sur l'entreprise, révisez les compétences techniques nécessaires pour le poste et préparez des exemples de projets ou d'expériences qui démontrent votre aptitude à réussir dans le rôle.

- **SOYEZ PATIENT ET PERSÉVÉRANT :**

 Trouver votre première opportunité professionnelle peut prendre du temps. Ne vous découragez pas si vous ne recevez pas immédiatement des offres d'emploi. Continuez à améliorer vos compétences, à élargir votre réseau et à postuler à des emplois qui correspondent à votre profil.

➲ En suivant ces conseils, vous augmenterez vos chances de trouver votre première opportunité professionnelle dans le secteur de l'IT.

 N'oubliez pas que le succès vient souvent de la persévérance et de l'engagement constant à apprendre et à se développer.

Construire votre carrière

Entamer une carrière dans le secteur des technologies de l'information (IT) peut être à la fois passionnant et gratifiant.

Ce domaine en constante évolution offre une multitude d'opportunités pour ceux qui sont prêts à relever des défis et à se perfectionner continuellement.

Au sein de ce chapitre, nous vous guiderons à travers les différentes étapes pour construire et développer votre carrière dans l'IT.

 En suivant ces conseils, vous serez mieux préparé pour réussir dans ce secteur dynamique et compétitif.

Devenir un Expert IT

Développer vos compétences techniques

Pour réussir dans le secteur de l'IT, il est crucial de développer et de maintenir à jour vos compétences techniques.

Voici quelques conseils pour vous aider à renforcer vos aptitudes dans ce domaine :

 Formation et certifications :

Investissez du temps et de l'argent dans des formations spécialisées et des certifications reconnues par l'industrie. Ainsi, c ela vous permettra non seulement d'acquérir de nouvelles compétences, mais aussi de démontrer votre engagement envers votre développement professionnel. Recherchez des formations en ligne, des cours dans des établissements d'enseignement locaux ou des ateliers organisés par des professionnels du secteur.

 Pratiquez régulièrement :

Comme pour toute compétence, la pratique est essentielle pour développer et maîtriser vos compétences techniques. Travaillez sur des projets personnels, participez à des compétitions de programmation ou des hackathons et n'hésitez pas à expérimenter avec de nouvelles technologies pour vous familiariser avec elles.

Devenir un Expert IT

 ### Apprentissage en autodidacte :

Les ressources d'apprentissage en ligne, telles que les tutoriels, les blogs, les forums et les vidéos, sont abondantes et souvent gratuites. Profitez de ces ressources pour apprendre à votre rythme et combler les lacunes dans vos compétences techniques.

 ### Rejoignez des groupes et des communautés :

Il existe de nombreux groupes et communautés en ligne dédiés aux professionnels de l'IT. Rejoignez ces communautés pour échanger des idées, poser des questions et apprendre des experts. Participer à des événements locaux, tels que les meetups, peut également vous aider à élargir votre réseau et à découvrir de nouvelles opportunités d'apprentissage.

 ### Restez informé :

Le secteur de l'IT évolue rapidement, et il est crucial de rester informé des dernières tendances et innovations. Abonnez-vous à des newsletters, lisez des articles de presse spécialisés et suivez des experts sur les réseaux sociaux pour vous tenir au courant des dernières avancées.

 ### Demandez des feedbacks et des conseils :

N'hésitez pas à solliciter des feedbacks et des conseils de la part de vos collègues, mentors ou supérieurs hiérarchiques. Cela peut vous aider à identifier vos points forts et les domaines dans lesquels vous devez vous améliorer

➲ En développant vos compétences techniques, vous augmenterez votre employabilité et votre valeur sur le marché du travail.

 Cela vous permettra également de vous adapter aux évolutions technologiques et de relever de nouveaux défis tout au long de votre carrière dans l'IT.

Devenir un Expert IT

Compétences transversales (soft skills)

Les compétences transversales, également appelées soft skills, sont des compétences non techniques qui sont essentielles pour réussir dans le secteur de l'IT.

Elles jouent un rôle clé dans votre capacité à travailler efficacement avec les autres et à vous adapter aux changements.

Voici quelques compétences transversales cruciales pour une carrière réussie dans l'IT :

- **COMMUNICATION :**

Une communication claire et efficace est essentielle pour travailler en équipe, comprendre les besoins des clients et présenter vos idées. Apprenez à exprimer vos pensées de manière concise, à écouter activement et à adapter votre style de communication en fonction de votre audience.

- **TRAVAIL D'ÉQUIPE :**

La plupart des projets informatiques impliquent un travail d'équipe. Développez votre capacité à collaborer avec des collègues de différents domaines, à partager vos connaissances et à résoudre les conflits de manière constructive.

- **CAPACITÉ D'ADAPTATION :**

Le secteur de l'IT évolue rapidement et il est crucial de pouvoir s'adapter aux nouvelles technologies et méthodologies. Cultivez une attitude d'apprentissage constant et soyez prêt à sortir de votre zone de confort.

Devenir un Expert IT

- **RÉSOLUTION DE PROBLÈMES :**

Les professionnels de l'IT sont souvent confrontés à des défis techniques complexes. Développez vos compétences en résolution de problèmes en abordant les situations avec un esprit critique et en cherchant des solutions créatives.

- **GESTION DU TEMPS ET ORGANISATION :**

Apprenez à gérer votre temps de manière efficace et à prioriser les tâches pour respecter les délais. Utilisez des outils de planification et de suivi pour rester organisé et assurer une gestion optimale de votre charge de travail.

- **LEADERSHIP :**

Même si vous n'occupez pas un poste de direction, il est important de savoir comment motiver et inspirer les autres, prendre des décisions et assumer la responsabilité de vos actions. Développez vos compétences en leadership en prenant des initiatives, en encadrant les membres de votre équipe et en étant un modèle pour les autres.

- **INTELLIGENCE ÉMOTIONNELLE :**

Comprendre et gérer vos émotions et celles des autres est essentiel pour créer un environnement de travail harmonieux. Développez votre intelligence émotionnelle en pratiquant l'empathie, en gérant le stress et en cultivant des relations positives avec vos collègues.

➡ En développant vos compétences transversales, vous augmenterez non seulement votre employabilité, mais aussi votre capacité à travailler efficacement en équipe et à vous adapter aux défis du secteur de l'IT.

 N'oubliez pas que les compétences techniques et les soft skills sont complémentaires et que l'équilibre entre les deux est la clé d'une carrière réussie dans l'IT.

Devenir un Expert IT

Gérer son évolution professionnelle

Une carrière réussie dans le secteur de l'IT ne s'arrête pas à votre première opportunité professionnelle.

Il est crucial de continuer à gérer et développer votre carrière tout au long de votre parcours.

Voici quelques conseils pour gérer efficacement votre évolution professionnelle :

 Adoptez une mentalité d'apprentissage continu :

Les technologies évoluent rapidement, et il est essentiel de rester à jour en matière de compétences techniques et de connaissances. **Inscrivez-vous à des formations, lisez des articles, participez à des conférences et rejoignez des groupes de discussion pour vous tenir informé des dernières tendances et innovations.**

 Évaluez régulièrement votre progression :

Prenez le temps de réfléchir à vos réalisations, aux compétences acquises et aux domaines dans lesquels vous pouvez encore vous améliorer. **Fixez-vous des objectifs à court et à long terme pour continuer à progresser dans votre carrière.**

 Sollicitez des feedbacks :

Demandez régulièrement des retours de la part de vos collègues, managers et mentors pour mieux comprendre vos forces et vos faiblesses. **Utilisez ces feedbacks pour vous améliorer et vous adapter à votre environnement professionnel.**

Devenir un Expert IT

Soyez ouvert aux nouvelles opportunités :

Ne vous limitez pas à votre poste actuel. Soyez à l'affût des opportunités qui pourraient vous permettre d'élargir vos compétences et votre réseau professionnel. N'hésitez pas à postuler à des postes qui vous intéressent, même si vous ne répondez pas à 100% des critères.

Développez vos compétences en leadership :

Dans l'IT, il est important de savoir comment gérer une équipe et mener des projets. Travaillez sur vos compétences en communication, en prise de décision et en résolution de problèmes pour être un leader efficace.

Trouvez un mentor :

Un mentor peut vous aider à naviguer dans votre carrière et vous fournir des conseils précieux pour votre évolution professionnelle. **Recherchez des professionnels expérimentés dans votre domaine et demandez-leur de vous accompagner dans votre parcours.**

Pensez à votre équilibre vie professionnelle / vie privée :

Il est essentiel de trouver un équilibre entre votre travail et votre vie personnelle pour éviter le surmenage et le burn-out. **Assurez-vous de consacrer du temps à vos loisirs, à vos amis et à votre famille.**

En gérant activement votre évolution professionnelle, vous serez en mesure de tirer le meilleur parti de votre carrière dans l'IT et d'atteindre vos objectifs à long terme.

Devenir un Expert IT

Réseautage et développement

Le réseautage et le développement de votre marque personnelle sont des éléments clés pour construire et faire évoluer votre carrière dans le secteur de l'IT.

Voici quelques conseils pour vous aider à créer et entretenir un réseau professionnel solide et à développer votre marque personnelle :

- **SOYEZ ACTIF SUR LES RÉSEAUX SOCIAUX PROFESSIONNELS :**

Créez un profil complet et à jour sur des plateformes telles que LinkedIn.
Partagez régulièrement des articles, des idées et des réalisations pertinentes pour montrer votre expertise et votre engagement dans votre domaine.

- **PARTICIPEZ À DES ÉVÉNEMENTS ET CONFÉRENCES :**

Assistez à des événements liés à votre secteur pour rencontrer d'autres professionnels, échanger des idées et élargir votre réseau. Les conférences, les ateliers et les meetups sont d'excellents moyens de se connecter avec des personnes partageant les mêmes centres d'intérêt et de rester informé des dernières tendances.

- **DÉVELOPPEZ VOS COMPÉTENCES EN COMMUNICATION :**

Apprenez à vous exprimer clairement et avec confiance pour créer des relations solides et durables. Écoutez activement les autres et montrez de l'empathie pour créer un lien avec vos interlocuteurs.

Devenir un Expert IT

- **SOYEZ AUTHENTIQUE :**

 Votre marque personnelle doit refléter votre véritable personnalité, vos valeurs et vos compétences. **Ne prétendez pas être quelqu'un que vous n'êtes pas,** car cela peut nuire à votre réputation et à votre crédibilité.

- **CRÉEZ DU CONTENU :**

 Partagez vos connaissances et votre expertise en créant du contenu, tel que des articles de blog, des vidéos ou des podcasts. Cela vous aidera à renforcer votre crédibilité et à vous positionner en tant qu'expert dans votre domaine.

- **ENTRETENEZ VOS RELATIONS :**

 Le réseautage ne consiste pas seulement à créer de nouvelles connexions, mais aussi à entretenir celles que vous avez déjà établies. **Restez en contact avec vos anciens collègues, clients et partenaires** pour vous assurer de conserver un réseau solide et dynamique.

- **DEMANDEZ DES RECOMMANDATIONS :**

 Les recommandations de collègues, de clients ou de partenaires peuvent renforcer votre réputation et votre crédibilité. **N'hésitez pas à demander des recommandations et des témoignages** pour mettre en avant vos compétences et vos réalisations.

- **SOYEZ PRÊT À AIDER LES AUTRES :**

 Offrez votre soutien et vos conseils lorsque vous le pouvez. **En aidant les autres, vous renforcez votre réputation** et créez des relations durables.

 En investissant du temps et des efforts dans le réseautage et le développement de votre marque personnelle, vous augmenterez votre visibilité et vos opportunités professionnelles dans le secteur de l'IT.

Devenir un Expert IT

Équilibrer son travail et sa vie personnelle

Équilibrer le travail et la vie personnelle peut être un défi dans l'informatique IT, en particulier si vous travaillez sur des projets avec des délais serrés ou des exigences en constante évolution.

Voici quelques conseils pour maintenir un équilibre sain entre travail et vie personnelle :

- Définissez des limites claires entre le travail et la vie personnelle, par exemple en évitant de consulter les e-mails professionnels en dehors des heures de travail.

- Prenez des pauses régulières tout au long de la journée pour éviter l'épuisement professionnel.

- Planifiez du temps pour vos loisirs, votre famille et vos amis, et respectez cet engagement.

- Apprenez à déléguer et à travailler en équipe pour répartir la charge de travail.

- Communiquez clairement avec votre manager et votre équipe si vous avez besoin de soutien ou d'aménagements pour préserver

 Enfin, n'oubliez pas que l'équilibre entre travail et vie personnelle est une préoccupation constante, et il est important de continuellement réévaluer et ajuster votre approche pour maintenir un équilibre sain.s l'IT.

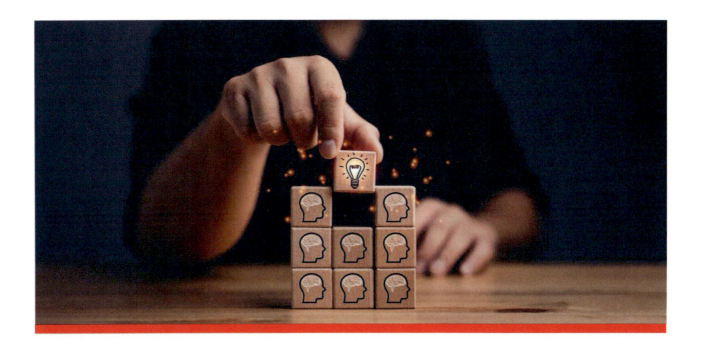

Inspirer le changement

Dans ce chapitre, je souhaite partager avec vous mes valeurs, mes croyances, mon combat et ma vision du futur en matière de formation professionnelle en IT.

À travers mon expérience et mon engagement dans ce domaine, j'ai développé une approche centrée sur l'innovation, la qualité de l'enseignement et la réussite des apprenants.

Mon ambition est de révolutionner le secteur en proposant des formations en ligne personnalisées, accessibles et adaptées aux besoins spécifiques de chaque individu.

Ensemble, nous allons explorer les fondements de cette approche et découvrir comment elle vise à créer un avenir meilleur pour les apprenants et les professionnels de l'IT.

Mes valeurs

 **Après avoir observé les défis et les problèmes rencontrés dans le domaine de la formation professionnelle en IT, notamment en ce qui concerne la formation en présentiel (de quelques jours...), j'ai décidé de créer un organisme de formation 100% en ligne.**

Mon objectif est de répondre aux besoins spécifiques des apprenants dans l'industrie informatique et de les aider à atteindre leurs objectifs professionnels de manière plus efficace et flexible.

La grande idée derrière la création de cet organisme est de combler les lacunes existantes dans les formations traditionnelles en offrant une expérience d'apprentissage innovante, personnalisée et adaptée aux besoins de chaque apprenant.

En proposant des parcours certifiants en ligne, je souhaite donner à chacun la possibilité de se former à son rythme, de manière autonome, et de bénéficier d'un suivi et d'un accompagnement adapté.

L'une de mes principales valeurs est l'engagement envers la réussite de mes stagiaires.

Je crois fermement que chaque individu est capable d'apprendre et de progresser, et je suis déterminé à fournir les outils, les ressources et le soutien nécessaires pour aider chacun à atteindre ses objectifs.

Je suis également convaincu de l'importance de la qualité dans l'enseignement.

C'est pourquoi je m'efforce de proposer des formations de haut niveau, dispensées par des formateurs experts et pédagogues, et basées sur des méthodologies d'apprentissage éprouvées.

Enfin, je mise sur l'innovation et l'adaptabilité pour offrir une expérience d'apprentissage en constante évolution, qui réponde aux défis et aux exigences d'un secteur en perpétuel mouvement.

Mon ambition est de révolutionner la formation professionnelle en IT et de contribuer au développement des compétences et à l'épanouissement professionnel de mes stagiaires.

Devenir un Expert IT

Mes croyances

 **Je suis fier de participer activement à un mouvement qui vise à transformer et moderniser la formation professionnelle dans le domaine de l'IT.**

Ce mouvement est fondé sur des valeurs telles que l'innovation, la qualité de l'enseignement, l'accessibilité et la réussite des apprenants.

Nous croyons en un avenir où l'éducation et la formation professionnelle sont plus flexibles, inclusives et adaptées aux besoins des individus et des entreprises.

Je m'engage à développer des méthodes pédagogiques innovantes, en m'appuyant sur les dernières avancées technologiques et les meilleures pratiques en matière d'enseignement.

Mon ambition est de créer un environnement d'apprentissage stimulant, interactif et engageant, qui favorise la collaboration, le partage de connaissances et l'échange d'expériences entre les apprenants et les formateurs.

En résumé, je participe à un mouvement qui vise à créer un futur où la formation professionnelle en IT est accessible, flexible et centrée sur la réussite des apprenants.

Mon objectif est d'offrir des parcours de formation de qualité et innovants, qui contribuent à l'épanouissement professionnel et au développement des compétences dans un secteur en constante évolution.

Mon combat

 **Dans ma démarche visant à transformer et améliorer la formation professionnelle dans le domaine de l'IT, il y a des idées et des pratiques auxquelles je ne crois pas ou plus. Ce sont ces aspects que je combats et que je m'efforce de changer pour offrir une meilleure expérience d'apprentissage à mes stagiaires.**

Je ne crois plus en l'efficacité des formations en présentiel traditionnelles (de quelques jours...), qui sont souvent rigides, coûteuses et peu adaptées aux besoins spécifiques des apprenants.

Je conteste l'idée que la réussite de la formation professionnelle repose uniquement sur l'accumulation d'heures passées en salle de classe et sur le respect de programmes standardisés.

Je ne crois pas en l'approche **"one-size-fits-all"** (taille unique) de l'éducation, qui néglige les différences individuelles et les besoins spécifiques de chaque apprenant.

Je m'oppose aux méthodes d'enseignement qui privilégient la mémorisation de contenu plutôt que la compréhension des concepts, la résolution de problèmes et l'acquisition de compétences pratiques.
Je ne crois pas en une formation professionnelle qui soit inaccessible à un grand nombre de personnes en raison de contraintes géographiques, financières ou personnelles.

Je m'oppose également aux pratiques commerciales et marketing trompeuses de certains centres de formation, qui promettent des résultats rapides et sans effort, sans offrir un réel accompagnement et un contenu de qualité.

Enfin, je ne crois pas à l'immobilisme et à la résistance au changement dans le secteur de l'éducation et de la formation professionnelle. Je suis convaincu que nous devons constamment nous adapter, innover et repenser nos approches pédagogiques pour répondre aux défis et aux exigences d'un monde en constante évolution.

En résumé, je m'engage à combattre les pratiques et les idées obsolètes dans le domaine de la formation professionnelle en IT, en proposant des solutions innovantes, flexibles et adaptées aux besoins des apprenants.

Mon objectif est de promouvoir une vision de l'éducation centrée sur la réussite, l'accessibilité et l'épanouissement professionnel de chaque individu.

Ma vision du futur

 **Ma vision du futur dans le domaine de la formation professionnelle en IT est fondée sur l'innovation, la flexibilité et l'accessibilité pour tous les apprenants.**

Je vois un avenir où les formations en ligne jouent un rôle central, permettant à chacun d'accéder à des parcours de qualité, adaptés à ses besoins, ses objectifs et son rythme d'apprentissage.

Dans cette vision, les méthodes pédagogiques sont innovantes et axées sur la compréhension des concepts, la résolution de problèmes et l'acquisition de compétences pratiques.

Les apprenants sont encouragés à collaborer, partager leurs connaissances et expériences, et à participer activement à leur propre processus d'apprentissage.

Les contraintes géographiques, financières et personnelles ne constituent plus des obstacles à l'accès à la formation professionnelle.

Les parcours de formation sont personnalisés et les apprenants sont soutenus par des formateurs compétents et engagés dans leur réussite.

Le futur de la formation professionnelle en IT est résolument tourné vers l'épanouissement professionnel et le développement des compétences, permettant aux apprenants d'adapter et d'évoluer dans un secteur en constante mutation.

Les compétences acquises contribuent à l'innovation et au développement dans le domaine de l'IT, créant de nouvelles opportunités de carrière et renforçant la compétitivité des entreprises.

En résumé, ma vision du futur de la formation professionnelle en IT est celle d'un secteur innovant, flexible et accessible, centré sur la réussite des apprenants et le développement des compétences pour s'adapter et prospérer dans un monde en constante évolution.

Conclusion

L'industrie de l'informatique IT offre un large éventail d'opportunités pour ceux qui sont prêts à investir dans le développement de leurs compétences techniques et transversales.

Voici quelques conseils pour vous préparer à un avenir prometteur dans ce secteur en pleine croissance :

1. Restez à jour :
- L'informatique IT est un domaine en constante évolution, avec de nouvelles technologies et tendances émergentes.
- Pour réussir, il est crucial de rester informé et de continuer à apprendre tout au long de votre carrière.
- Abonnez-vous à des blogs, des newsletters et des podcasts pertinents, et suivez les leaders d'opinion du secteur pour rester à jour.

Devenir un Expert IT

2. Adoptez une mentalité d'apprentissage continu :
- Soyez prêt à acquérir de nouvelles compétences et à vous adapter aux changements du secteur.
- La formation continue, la pratique et l'expérimentation sont essentielles pour rester compétitif sur le marché du travail.

3. Soyez proactif dans la gestion de votre carrière :
- Ne comptez pas uniquement sur votre employeur pour gérer votre évolution professionnelle.
- Évaluez régulièrement vos compétences, identifiez les domaines dans lesquels vous pouvez vous améliorer et recherchez des opportunités de développement professionnel, que ce soit à travers des formations, des projets ou des rôles bénévoles.

4. Cultivez un réseau solide :
Comme mentionné précédemment, le réseautage est essentiel pour le développement de votre carrière.
- Entretenez vos relations existantes et recherchez activement de nouvelles opportunités pour élargir votre réseau.

5. Pensez à long terme :
- Envisagez votre carrière dans l'informatique IT comme un parcours à long terme.
- Établissez des objectifs professionnels clairs et évaluez régulièrement vos progrès afin de vous assurer de rester sur la bonne voie.

6. Trouvez un équilibre entre travail et vie personnelle :
Il est important de prendre soin de vous et de préserver un équilibre entre votre travail et votre vie personnelle.
- Accordez-vous du temps pour vous détendre, vous ressourcer et vous consacrer à vos passions et hobbies en dehors du travail.

Devenir un Expert IT

En suivant ces conseils et en vous engageant dans un parcours d'apprentissage et de développement continu, vous serez bien préparé pour une carrière réussie et épanouissante dans l'informatique IT.

L'avenir est plein de possibilités. En effet, avec le bon état d'esprit et les compétences adéquates, vous pouvez contribuer à façonner le futur du secteur et profiter d'un avenir prometteur.

 N'oubliez pas que la clé du succès réside dans l'apprentissage continu, la curiosité et la volonté d'explorer de nouvelles opportunités. Bonne chance dans votre parcours professionnel !

Damien Soulages
Formateur et fondateur de l'organisme Formip

> Un apprentissage pas-à-pas, à votre propre rythme :
> **C'est comme un Coaching à VIE !**

Glossaire technique

Systèmes d'exploitation (OS)

Le système d'exploitation est un logiciel qui gère les ressources matérielles et logicielles d'un ordinateur et fournit des services communs pour les programmes informatiques.

Terme	Définition
Windows :	Système d'exploitation développé par Microsoft, largement utilisé sur les ordinateurs personnels et professionnels.
MacOS :	Système d'exploitation développé par Apple pour les ordinateurs Mac.
Linux :	Système d'exploitation open source basé sur UNIX, utilisé sur diverses plates-formes, notamment les serveurs, les ordinateurs de bureau et les systèmes embarqués.
UNIX :	Système d'exploitation multitâche et multi-utilisateur, initialement développé dans les années 1970 et servant de base à plusieurs autres systèmes d'exploitation, tels que Linux et MacOS.
Kernel (noyau) :	Composant central d'un système d'exploitation, qui gère les ressources matérielles et les communications entre le matériel et les logiciels.

Shell :	Interface utilisateur qui permet d'interagir avec le système d'exploitation, généralement sous la forme d'un interpréteur de commandes en mode texte ou d'une interface graphique.
Interface utilisateur graphique (GUI) :	Interface utilisateur qui permet aux utilisateurs d'interagir avec un système d'exploitation ou un logiciel à l'aide d'éléments visuels tels que des icônes, des fenêtres et des menus.
Multitâche :	Capacité d'un système d'exploitation à exécuter simultanément plusieurs tâches ou processus.
Multi-utilisateur :	Capacité d'un système d'exploitation à prendre en charge plusieurs utilisateurs simultanément.
API (Application Programming Interface) :	Ensemble de routines, de protocoles et d'outils permettant aux développeurs de créer des applications capables d'interagir avec un système d'exploitation ou d'autres logiciels.
Gestionnaire de fichiers :	Composant d'un système d'exploitation qui permet aux utilisateurs de gérer, d'organiser et de manipuler les fichiers et les dossiers.
Gestionnaire de périphériques :	Outil intégré aux systèmes d'exploitation qui permet de gérer les périphériques matériels connectés à un ordinateur, tels que les imprimantes, les claviers et les souris.
Gestion de la mémoire :	Processus par lequel un système d'exploitation alloue, suit et libère la mémoire utilisée par les programmes et les processus en cours d'exécution.
Virtualisation :	Technique qui permet à un système d'exploitation de créer et de gérer des machines virtuelles, c'est-à-dire des instances logicielles de systèmes d'exploitation fonctionnant sur le même matériel physique.

Devenir un Expert IT

Réseaux et protocoles

Terme	Définition
Réseau :	Ensemble d'ordinateurs et d'autres dispositifs interconnectés pour partager des ressources, des données et des informations.
LAN (Local Area Network) :	Réseau informatique couvrant une zone géographique limitée, telle qu'un bâtiment ou un campus.
WAN (Wide Area Network) :	Réseau informatique étendu sur une large zone géographique, souvent interconnectant plusieurs LAN.
WLAN (Wireless Local Area Network) :	Réseau local sans fil basé sur la technologie Wi-Fi.
Protocole :	Ensemble de règles et de procédures régissant la communication et l'échange de données entre les dispositifs d'un réseau.
TCP/IP (Transmission Control Protocol/Internet Protocol) :	Suite de protocoles de communication utilisée dans le but d'interconnecter les dispositifs sur Internet et sur la plupart des réseaux informatiques.
IP (Internet Protocol) :	Protocole de communication qui définit l'adressage et le routage des paquets de données entre les dispositifs d'un réseau.
IPv4 et IPv6 :	Deux versions principales du protocole Internet (IP), avec IPv6 étant la version la plus récente et destinée à remplacer IPv4 en raison de l'épuisement des adresses IPv4.
TCP (Transmission Control Protocol) :	Protocole de transport fiable garantissant que les données sont transmises correctement et dans l'ordre entre les dispositifs d'un réseau.

UDP (User Datagram Protocol) :	Protocole de transport plus simple et plus rapide que TCP, mais sans garantie de fiabilité ni d'ordre de transmission des données.
HTTP (Hypertext Transfer Protocol) :	Protocole de communication utilisé pour transmettre des pages Web et d'autres contenus sur Internet.
HTTPS (Hypertext Transfer Protocol Secure) :	Version sécurisée de HTTP utilisant le chiffrement SSL/TLS pour protéger les communications entre les navigateurs Web et les serveurs.
DNS (Domain Name System) :	Système qui traduit les noms de domaine faciles à retenir (tels que www.example.com) en adresses IP numériques utilisées par les dispositifs pour communiquer sur Internet.
DHCP (Dynamic Host Configuration Protocol) :	Protocole qui permet à un serveur de distribuer automatiquement des adresses IP et d'autres informations de configuration aux dispositifs d'un réseau.
FTP (File Transfer Protocol) :	Protocole utilisé pour transférer des fichiers entre un client et un serveur sur un réseau.
Firewall (pare-feu) :	Dispositif ou logiciel conçu pour protéger un réseau en contrôlant et en filtrant le trafic entrant et sortant selon des règles de sécurité définies.
SSID (Service Set Identifier) :	Nom d'un réseau sans fil (WLAN) visible par les dispositifs Wi-Fi à proximité.
QoS (Quality of Service) :	Méthode utilisée pour prioriser le trafic réseau et assurer une performance optimale pour les applications et services critiques, en contrôlant et en gérant la bande passante et les ressources du réseau.
NAT (Network Address Translation) :	Technique permettant de convertir les adresses IP d'un réseau local privé en adresses IP publiques, afin de permettre aux dispositifs du réseau local d'accéder à Internet.

ICMP (Internet Control Message Protocol) :	Protocole utilisé pour transmettre des messages de contrôle et d'erreur entre les dispositifs d'un réseau, notamment pour le diagnostic et le dépannage.
SNMP (Simple Network Management Protocol) :	Protocole de gestion de réseau utilisé pour surveiller et contrôler les dispositifs d'un réseau, tels que les routeurs, les commutateurs et les serveurs.
SSL/TLS (Secure Sockets Layer/Transport Layer Security) :	Protocoles de cryptage utilisés pour sécuriser les communications sur Internet et les réseaux, notamment pour protéger les transactions et les données sensibles.
Ethernet :	Technologie de réseau filaire standard utilisée pour relier des dispositifs informatiques tels que les ordinateurs, les routeurs et les commutateurs dans un LAN.
Switch (commutateur) :	Dispositif de réseau utilisé pour connecter et acheminer le trafic entre les dispositifs d'un réseau local (LAN).
Router (routeur) :	Dispositif de réseau qui permet de connecter et de diriger le trafic entre différents réseaux, tels qu'un LAN et Internet.
Wi-Fi	Technologie sans fil utilisée pour connecter des dispositifs informatiques à un réseau local sans fil (WLAN) et à Internet.
Access Point (point d'accès) :	Dispositif sans fil qui permet aux dispositifs Wi-Fi de se connecter à un réseau filaire, tels qu'un LAN ou Internet.

Devenir un Expert IT

Sécurité informatique et cybersécurité

Terme	Définition
Attaque DDoS (Distributed Denial of Service) :	Type d'attaque visant à rendre un service ou un site Web indisponible en saturant les ressources du système avec un grand volume de trafic provenant de plusieurs sources.
Pare-feu (Firewall) :	Dispositif de sécurité qui surveille et contrôle le trafic entrant et sortant sur un réseau, en fonction de règles de sécurité prédéterminées.
Antivirus :	Logiciel conçu pour détecter, prévenir et éliminer les logiciels malveillants (malware) sur les ordinateurs et les réseaux.
Cryptographie :	Science des techniques de chiffrement et de déchiffrement des informations, utilisée pour protéger les données et assurer leur confidentialité, leur intégrité et leur authentification.
VPN (Virtual Private Network) :	Réseau privé virtuel permettant d'établir des connexions sécurisées et chiffrées entre les dispositifs et les réseaux sur Internet.
Phishing :	Technique frauduleuse utilisée par les cybercriminels pour obtenir des informations sensibles, telles que les identifiants et mots de passe, en se faisant passer pour une entité légitime via des e-mails ou des sites Web falsifiés.
Ransomware :	Type de logiciel malveillant qui crypte les données de la victime et exige le paiement d'une rançon pour les déchiffrer et les rendre à nouveau accessibles.
Authentification à deux facteurs (2FA) :	Méthode de sécurité qui requiert deux formes d'identification pour accéder à un compte ou un service, augmentant ainsi la protection contre les tentatives d'accès non autorisées.

Devenir un Expert IT

Intrusion Detection System (IDS) :	Système de détection d'intrusion qui surveille le trafic réseau et les activités des utilisateurs, afin de détecter les activités suspectes et les tentatives d'accès non autorisées.
Incident de sécurité :	Événement qui compromet la confidentialité, l'intégrité ou la disponibilité des informations ou des systèmes informatiques.
Patch de sécurité :	Mise à jour logicielle destinée à corriger les vulnérabilités et les failles de sécurité dans un programme ou un système d'exploitation.

Développement logiciel et langages de programmation

Terme	Définition
Langage de programmation :	Langage utilisé pour écrire des instructions destinées aux ordinateurs, permettant de créer des logiciels, des applications et des systèmes informatiques. Exemples : Python, Java, C++, JavaScript, etc.
Framework :	Ensemble d'outils et de bibliothèques prédéfinis facilitant le développement de logiciels en fournissant une structure et des conventions de programmation.
API (Application Programming Interface) :	Ensemble de protocoles, de routines et d'outils permettant aux développeurs de créer des logiciels qui interagissent avec d'autres services ou applications.
IDE (Integrated Development Environment) :	Environnement de développement intégré offrant aux développeurs un ensemble d'outils pour faciliter la rédaction, le débogage et l'exécution du code.
Bibliothèque (Library) :	Collection de routines, de fonctions et de procédures préécrites que les développeurs peuvent utiliser afin de simplifier le développement de logiciels.
Front-end :	Partie d'une application ou d'un site Web qui interagit directement avec l'utilisateur, généralement composée de l'interface utilisateur et de la logique de présentation.
Back-end :	Partie d'une application ou d'un site Web qui gère les fonctionnalités sous-jacentes, telles que la logique métier, les bases de données et l'intégration avec d'autres systèmes.
Full-stack :	Terme utilisé pour décrire un développeur capable de travailler sur les aspects front-end et back-end d'une application ou d'un site Web.

Versioning :	Processus de suivi et de gestion des différentes versions d'un logiciel au cours de son développement.
Git :	Système de contrôle de version distribué largement utilisé pour gérer le code source d'un logiciel, permettant la collaboration entre les développeurs et la gestion des modifications.
Bug :	Erreur, défaut ou dysfonctionnement dans un logiciel ou un système informatique, causant des résultats incorrects ou inattendus.
Débogage (Debugging) :	Processus d'identification et de correction des erreurs ou des problèmes dans un logiciel ou un programme informatique.
Agile :	Méthodologie de développement logiciel basée sur des cycles de développement courts et itératifs, favorisant la collaboration, la communication et la flexibilité.

Devenir un Expert IT

Bases de données et gestion de données

Terme	Définition
Base de données (Database) :	Collection organisée de données, généralement stockée et accessible électroniquement depuis un système informatique.
Système de gestion de base de données (DBMS) :	Logiciel utilisé pour gérer et interagir avec une base de données, permettant de créer, récupérer, mettre à jour et supprimer des données.
SQL (Structured Query Language) :	Langage de programmation standardisé utilisé pour interagir avec les bases de données relationnelles, permettant de créer, modifier et extraire des données.
Base de données relationnelle :	Type de base de données qui organise les données en tables avec des relations définies entre elles, basée sur le modèle relationnel.
Clé primaire (Primary Key) :	Attribut ou ensemble d'attributs d'une table de base de données utilisé pour identifier de manière unique chaque enregistrement.
Clé étrangère (Foreign Key) :	Attribut d'une table de base de données qui fait référence à la clé primaire d'une autre table, permettant de créer des relations entre les tables.
Index :	Structure de données utilisée pour améliorer la vitesse de recherche et d'accès aux données dans une base de données.
NoSQL :	Catégorie de systèmes de gestion de bases de données qui n'utilisent pas le modèle relationnel et le langage SQL, conçus pour gérer des données non structurées ou semi-structurées, telles que les documents JSON ou les graphes.

Big Data :	Terme désignant de grands ensembles de données complexes qui ne peuvent pas être traités efficacement par des outils et des méthodes de gestion de données traditionnels.
Data Warehouse :	Système de stockage centralisé de données utilisé pour l'analyse et la génération de rapports, souvent conçu pour traiter de grandes quantités de données provenant de différentes sources.
ETL (Extract, Transform, Load) :	Processus de transfert et de manipulation de données entre différentes sources et systèmes, notamment l'extraction de données de sources, la transformation des données pour répondre aux besoins analytiques ou opérationnels, et le chargement des données dans une destination finale.
Data Lake :	Système de stockage centralisé qui permet de stocker et de gérer de grandes quantités de données brutes sous leur forme native, sans les structurer ou les transformer.
Data Mining :	Processus d'exploration et d'analyse de grands ensembles de données pour découvrir des modèles, des tendances et des informations cachées.

Devenir un Expert IT

Infrastructure informatique et matériel

Terme	Définition
Serveur :	Ordinateur ou système informatique conçu pour gérer et distribuer des ressources, des services ou des données à d'autres ordinateurs ou périphériques, généralement via un réseau.
Stockage de données :	Dispositifs ou systèmes utilisés pour stocker et conserver les informations numériques, tels que les disques durs, les SSD, les NAS ou les SAN.
Processeur (CPU) :	Composant matériel d'un ordinateur responsable de l'exécution des instructions des programmes et du traitement des données.
Mémoire vive (RAM) :	Type de mémoire à court terme utilisé pour stocker temporairement les données pendant que le processeur les traite.
Carte mère :	Composant principal d'un ordinateur qui connecte et gère les autres composants, tels que le processeur, la mémoire, les cartes d'extension et les périphériques.
Routeur :	Périphérique réseau qui permet la communication entre différents réseaux en acheminant les paquets de données entre eux.
Switch :	Périphérique réseau qui connecte les dispositifs au sein d'un réseau local (LAN) et permet la transmission de données entre eux.
Infrastructure en tant que service (IaaS) :	Modèle de services informatiques dans lequel un fournisseur met à disposition des ressources d'infrastructure virtualisées, telles que des serveurs, du stockage et des réseaux, via Internet.

Infrastructure en tant que service (IaaS) :	Modèle de services informatiques dans lequel un fournisseur met à disposition des ressources d'infrastructure virtualisées, telles que des serveurs, du stockage et des réseaux, via Internet.
Virtualisation :	Technique qui permet de créer et d'exécuter plusieurs systèmes d'exploitation ou environnements indépendants sur un seul matériel physique, en partageant les ressources matérielles.
Cloud computing :	Modèle de services informatiques dans lequel les ressources et les services sont fournis via Internet, permettant l'accès à distance, l'évolutivité et la flexibilité.
Data center :	Installation physique utilisée pour héberger des serveurs, des équipements réseau, des dispositifs de stockage et des systèmes de refroidissement et de distribution d'énergie, permettant la gestion et la maintenance centralisées des ressources informatiques.
Redondance :	Duplication des composants, des systèmes ou des données pour assurer la disponibilité et la fiabilité en cas de défaillance ou de panne.

Cloud computing et services de cloud

Terme	Définition
Cloud computing :	Modèle de services informatiques dans lequel les ressources et les services sont fournis via Internet, permettant l'accès à distance, l'évolutivité et la flexibilité.
Infrastructure en tant que service (IaaS) :	Modèle de services informatiques dans lequel un fournisseur met à disposition des ressources d'infrastructure virtualisées, telles que des serveurs, du stockage et des réseaux, via Internet.
Plateforme en tant que service (PaaS) :	Modèle de services informatiques dans lequel un fournisseur offre une plateforme permettant aux clients de développer, exécuter et gérer des applications sans se soucier de la gestion de l'infrastructure sous-jacente.
Logiciel en tant que service (SaaS) :	Modèle de services informatiques dans lequel un fournisseur fournit des applications logicielles accessibles via Internet, généralement sur un modèle d'abonnement.
Cloud public :	Services de cloud computing fournis par un fournisseur tiers via Internet, accessibles à tous les utilisateurs qui souhaitent les utiliser.
Cloud privé :	Services de cloud computing dédiés et exclusivement réservés à une organisation, généralement hébergés sur site ou chez un fournisseur de services gérés.
Cloud hybride :	Combinaison de services de cloud public et privé, permettant aux organisations de tirer parti des avantages de chaque modèle et de déplacer les données et les applications entre les environnements en fonction des besoins.

Orchestration de cloud :	Processus d'automatisation de la gestion, de la coordination et de l'optimisation des ressources et des services de cloud pour assurer un fonctionnement efficace et une utilisation optimale des ressources.
Conteneurisation :	Technique qui permet d'encapsuler et d'isoler les applications et leurs dépendances dans des conteneurs légers, facilitant ainsi le déploiement, la portabilité et la gestion des applications dans des environnements de cloud.
Stockage en cloud :	Service de stockage de données qui permet aux utilisateurs de stocker, de partager et d'accéder à leurs fichiers et données via Internet, généralement fourni par un fournisseur de services de cloud.
Serveur cloud :	Serveur virtuel ou physique hébergé et géré par un fournisseur de services de cloud, offrant des ressources informatiques et de stockage à la demande.
Évolutivité :	Capacité d'un système ou d'un service de cloud à s'adapter et à gérer les changements dans la demande, en augmentant ou en diminuant les ressources disponibles en fonction des besoins.
Migration vers le cloud :	Processus de transfert des données, des applications et des services d'une organisation vers un environnement de cloud computing.

Intelligence artificielle et apprentissage automatique
(Machine Learning)

Terme	Définition
Intelligence artificielle (IA) :	Domaine de l'informatique qui vise à créer des systèmes capables de réaliser des tâches qui nécessitent habituellement l'intelligence humaine, comme la prise de décision, la reconnaissance de formes et l'apprentissage.
Apprentissage automatique (Machine Learning, ML) :	Sous-domaine de l'intelligence artificielle qui utilise des algorithmes pour apprendre à partir de données et à faire des prédictions ou des décisions sans être explicitement programmé pour le faire.
Apprentissage supervisé :	Type d'apprentissage automatique où les algorithmes sont entraînés à partir d'exemples étiquetés, c'est-à-dire des données d'entrée accompagnées des réponses correctes (étiquettes).
Apprentissage non supervisé :	Type d'apprentissage automatique où les algorithmes apprennent à partir de données non étiquetées, en identifiant des structures et des modèles cachés sans connaître les réponses correctes.
Apprentissage par renforcement :	Type d'apprentissage automatique où un agent apprend à prendre des décisions en interagissant avec son environnement, en recevant des récompenses ou des pénalités pour ses actions.
Réseau de neurones artificiels :	Modèle informatique inspiré du fonctionnement du cerveau humain, composé de nœuds interconnectés appelés neurones artificiels, utilisé pour résoudre des problèmes complexes et non linéaires.
Deep Learning (apprentissage profond) :	Sous-domaine de l'apprentissage automatique basé sur des réseaux de neurones profonds, composés de plusieurs couches cachées, permettant l'apprentissage de caractéristiques de haut niveau à partir de données brutes.

Algorithme de régression :	Technique d'apprentissage supervisé utilisée pour prédire une valeur continue en fonction de variables d'entrée.
Algorithme de classification :	Technique d'apprentissage supervisé utilisée pour prédire à quelle catégorie une donnée d'entrée appartient, en fonction de caractéristiques préalablement observées.
Clustering :	Technique d'apprentissage non supervisé utilisée pour diviser un ensemble de données en groupes homogènes, en fonction de similarités ou de différences entre les éléments.
Traitement du langage naturel (NLP) :	Domaine de l'intelligence artificielle qui se concentre sur l'interaction entre les ordinateurs et le langage humain, permettant aux machines de comprendre, d'analyser et de générer du texte ou de la parole.
Computer Vision (vision par ordinateur) :	Domaine de l'intelligence artificielle qui se concentre sur la compréhension et l'analyse des images et des vidéos par les machines, en extrayant des informations et en prenant des décisions en fonction de ces données visuelles.
Système expert :	Programme informatique qui imite le processus de prise de décision d'un expert humain, en utilisant des règles et des connaissances préétablies pour résoudre des problèmes spécifiques.

Devenir un Expert IT

Technologies web et développement web

Terme	Définition
HTML (HyperText Markup Language) :	Langage de balisage utilisé pour structurer le contenu d'une page web, en définissant des éléments tels que les titres, les paragraphes, les listes et les liens.
CSS (Cascading Style Sheets) :	Langage de feuilles de style utilisé pour décrire l'apparence et la mise en forme des éléments HTML, tels que les couleurs, les polices et les marges.
JavaScript :	Langage de programmation qui permet d'ajouter de l'interactivité, de la logique et des fonctionnalités dynamiques aux pages web.
Front-end :	Partie d'un site web ou d'une application qui interagit directement avec l'utilisateur, notamment l'interface utilisateur et les éléments visuels.
Back-end :	Partie d'un site web ou d'une application qui traite les données, la logique métier et les interactions avec les bases de données et les serveurs.
Responsive Web Design :	Approche de conception web qui vise à créer des sites web qui s'adaptent automatiquement à la taille de l'écran de l'utilisateur, pour offrir une expérience optimisée sur différents appareils (ordinateurs, tablettes, smartphones).
API (Application Programming Interface) :	Ensemble de règles, de protocoles et d'outils qui permettent à différentes applications et systèmes de communiquer et de partager des données entre eux.
HTTP (Hypertext Transfer Protocol) :	Protocole de communication utilisé pour échanger des données entre un client (navigateur web) et un serveur sur le web.

URL (Uniform Resource Locator) :	Adresse unique qui identifie une ressource web, telle qu'une page, une image ou un fichier, sur internet.
CMS (Content Management System) :	Système logiciel qui permet aux utilisateurs de créer, gérer et modifier facilement le contenu d'un site web, sans avoir besoin de connaissances techniques approfondies.
Framework :	Ensemble d'outils, de bibliothèques et de conventions de développement qui simplifient et accélèrent la création d'applications web, en fournissant une structure et des composants réutilisables.
Base de données relationnelle :	Type de base de données qui stocke les données sous forme de tableaux, avec des relations entre les différentes tables, permettant d'effectuer des requêtes et des opérations complexes sur les données.
SQL (Structured Query Language) :	Langage de programmation utilisé pour gérer et interroger des bases de données relationnelles.
Serveur web :	Ordinateur ou système qui héberge des sites web et des applications, en répondant aux requêtes des clients (navigateurs) et en leur fournissant les ressources demandées.

Gestion de projet et méthodologies agiles

Terme	Définition
Gestion de projet :	Processus d'organisation, de planification, de suivi et de contrôle des ressources et des tâches pour atteindre les objectifs d'un projet spécifique dans les délais et le budget impartis.
Périmètre du projet :	Ensemble des fonctionnalités, des objectifs et des livrables définis pour un projet, qui déterminent les limites et les attentes des parties prenantes.
Chef de projet :	Personne responsable de la planification, de l'exécution et de la clôture d'un projet, en assurant la coordination des ressources et la communication entre les membres de l'équipe et les parties prenantes.
Parties prenantes :	Personnes ou organisations qui ont un intérêt ou qui sont affectées par le résultat d'un projet, notamment les clients, les utilisateurs, les membres de l'équipe de projet et les sponsors.
Planification de projet :	Processus d'établissement des objectifs, des livrables, des échéances et des ressources nécessaires pour mener à bien un projet, en tenant compte des contraintes et des risques.
Méthodologie de projet :	Ensemble de principes, de pratiques et de techniques utilisé s pour planifier, organiser et contrôler un projet, en fonction des besoins et des caractéristiques spécifiques de l'organisation et du secteur.
Agile :	Approche de gestion de projet et de développement logiciel qui met l'accent sur la collaboration, la flexibilité, l'amélioration continue et la capacité à s'adapter rapidement aux changements.

Scrum :	Méthodologie agile de gestion de projet et de développement logiciel qui divise le travail en sprints (itérations courtes) et implique des réunions quotidiennes (appelées mêlées) pour suivre les progrès et résoudre les problèmes.
Sprint :	Période de temps fixe (généralement de 2 à 4 semaines) au cours de laquelle une équipe travaille sur un ensemble défini de tâches et d'objectifs pour produire un livrable ou une version incrémentielle du produit.
Product Owner :	Rôle clé dans la méthodologie Scrum, responsable de définir et de prioriser les fonctionnalités et les exigences du produit, en représentant les besoins et les attentes des parties prenantes.
Kanban :	Méthode agile de gestion de projet et de flux de travail basée sur un tableau visuel (Kanban board) qui affiche les tâches et leur statut (à faire, en cours, terminé), afin d'améliorer la transparence et la collaboration.
Livrable :	Résultat concret ou produit d'un projet (par exemple : un logiciel, un document, un rapport) qui doit être fourni aux parties prenantes à la fin d'une phase ou d'un sprint.
PMI (Project Management Institute) :	Organisation professionnelle internationale qui offre des certifications, des ressources et des normes pour la gestion de projet, notamment le PMBOK (Project Management Body of Knowledge) et la certification PMP (Project Management Professional).
PMBOK (Project Management Body of Knowledge) :	Guide et norme de référence établis par le PMI, décrivant les meilleures pratiques, les processus et les domaines de connaissance en gestion de projet, utilisés comme base pour la certification PMP et d'autres certifications liées à la gestion de projet.
PMP (Project Management Professional) :	Certification professionnelle reconnue mondialement, offerte par le PMI, qui atteste des compétences, de l'expérience et des connaissances d'un individu en matière de gestion de projet.

PRINCE2 (PRojects IN Controlled Environments) :	Méthodologie de gestion de projet basée sur des processus et des thèmes, largement utilisée au Royaume-Uni et en Europe, qui met l'accent sur la justification continue des projets et l'adaptation aux changements.
Gestion des risques :	Processus d'identification, d'évaluation et de priorisation des risques (événements incertains ou conditions qui pourraient affecter le projet) et de planification des actions pour les atténuer, les éviter ou les exploiter.
WBS (Work Breakdown Structure) :	Outil de planification de projet qui décompose le travail en éléments hiérarchiques et gérables, permettant de déterminer les tâches, les ressources et les dépendances nécessaires pour atteindre les objectifs du projet.
Gantt (diagramme de Gantt) :	Outil visuel de planification et de suivi de projet qui représente les tâches, les échéances, les ressources et les dépendances sous forme de barres horizontales sur un calendrier, facilitant la communication et la coordination des activités.
Méthodologie Waterfall (cascade) :	Approche séquentielle de gestion de projet et de développement logiciel qui divise le travail en phases distinctes (par exemple, conception, développement, test, déploiement), avec des livrables et des revues à la fin de chaque phase.

Systèmes de gestion de contenu (CMS)

Terme	Définition
CMS (Content Management System) :	Logiciel ou ensemble d'outils permettant de créer, gérer et publier du contenu sur le web sans connaissances approfondies en programmation ou en développement web.
Front-end :	Interface utilisateur d'un CMS, qui permet aux visiteurs d'interagir avec le site web et d'accéder au contenu publié.
Back-end :	Interface d'administration d'un CMS, qui permet aux gestionnaires de contenu et aux développeurs de créer, de gérer et de mettre à jour le contenu, la structure et la mise en page du site web.
Thème :	Ensemble de fichiers de conception et de mise en page qui définissent l'apparence et le style d'un site web dans un CMS. Les thèmes peuvent être personnalisés ou achetés prêts à l'emploi.
Plugin ou extension :	Composant logiciel qui ajoute des fonctionnalités ou des caractéristiques supplémentaires à un CMS, permettant d'étendre et de personnaliser les capacités du système sans modifier son code source.
Template ou modèle :	Fichier ou ensemble de fichiers HTML, CSS et JavaScript qui détermine la structure, la mise en page et le style d'une page ou d'un élément de contenu dans un CMS.
Taxonomie :	Système de classification du contenu dans un CMS, qui permet d'organiser et de catégoriser les informations en fonction de critères tels que les catégories, les étiquettes, les mots-clés ou les attributs personnalisés.

Workflow :	Processus de création, de révision, d'approbation et de publication du contenu dans un CMS, qui permet de gérer et de contrôler les différentes étapes de la production et de la diffusion de l'information.
SEO (Search Engine Optimization) :	Ensemble de techniques et de bonnes pratiques visant à améliorer la visibilité et le classement d'un site web dans les résultats de recherche des moteurs de recherche comme Google, Bing, etc. Les CMS peuvent inclure des fonctionnalités et des plugins pour faciliter l'optimisation du référencement.
API (Application Programming Interface) :	Interface de programmation qui permet aux développeurs d'accéder et d'interagir avec les fonctionnalités d'un CMS, facilitant l'intégration avec d'autres systèmes et applications.

Virtualisation et conteneurisation

Terme	Définition
Virtualisation :	Technique qui permet de créer des versions virtuelles de ressources informatiques, telles que des serveurs, des systèmes d'exploitation, des périphériques de stockage ou des réseaux, en les exécutant sur une seule machine physique.
Hyperviseur :	Logiciel qui permet de créer et de gérer des machines virtuelles sur un système hôte. Il existe deux types d'hyperviseur : de type 1 (hyperviseurs natifs ou bare-metal) et de type 2 (hyperviseurs hébergés).
Machine virtuelle (VM) :	Instance virtuelle d'un système d'exploitation et de ses applications, qui fonctionne sur un hyperviseur et partage les ressources matérielles de la machine hôte.
Conteneurisation :	Technique qui permet d'encapsuler et d'isoler les applications et leurs dépendances dans des conteneurs, les rendant ainsi portables et indépendants de l'environnement d'exécution.
Conteneur :	Unité logicielle légère et portable qui encapsule une application et ses dépendances, permettant son exécution de manière cohérente et fiable sur différents environnements et plateformes.
Docker :	Plateforme open source de conteneurisation qui permet de créer, déployer et gérer des conteneurs d'applications sur divers environnements.
Image de conteneur :	Fichier immuable qui contient l'application, ses dépendances, ainsi que la configuration et les paramètres nécessaires pour exécuter l'application dans un conteneur.

Orchestration de conteneurs :	Processus de gestion automatisée du cycle de vie des conteneurs, notamment leur déploiement, leur mise à l'échelle, leur mise à jour, ainsi que la gestion des ressources et des services réseau.
Kubernetes :	Plateforme open source d'orchestration de conteneurs, qui permet de gérer et de contrôler des clusters de conteneurs, en automatisant les tâches de déploiement, de mise à l'échelle et de gestion des applications.
Infrastructure-as-Code (IaC) :	Méthode de gestion et de provisionnement de l'infrastructure informatique (y compris les machines virtuelles et les conteneurs) à l'aide de fichiers de configuration codés, qui décrivent les ressources et les topologies souhaitées.

Internet des objets (IoT)

Terme	Définition
Internet des objets (IoT) :	Réseau d'objets physiques interconnectés, équipés de capteurs, d'actuateurs et de technologies de communication, permettant de collecter, d'échanger et d'analyser des données.
Capteur :	Dispositif électronique capable de mesurer des paramètres physiques ou environnementaux, tels que la température, l'humidité, la pression, la luminosité ou la proximité, et de les convertir en signaux électriques.
Actuateur :	Dispositif mécanique ou électronique qui transforme un signal électrique en une action physique, comme déplacer un moteur, ouvrir une vanne ou allumer une lumière.
Microcontrôleur :	Petit ordinateur sur une seule puce intégrée, contenant un processeur, de la mémoire et des entrées/sorties programmables. Les microcontrôleurs sont couramment utilisés dans les dispositifs IoT pour la gestion des capteurs et des actuateurs.
Communication Machine-to-Machine (M2M) :	Échange automatique de données entre des dispositifs ou des systèmes, sans intervention humaine, utilisant des réseaux filaires ou sans fil.
Réseau sans fil de capteurs (WSN) :	Réseau de capteurs interconnectés, utilisant des technologies de communication sans fil pour collecter et transmettre des données à un point central.
Protocoles IoT :	Ensemble de protocoles de communication spécifiquement conçus pour les réseaux IoT, tels que MQTT, CoAP et Zigbee, qui sont optimisés pour les communications M2M, les environnements à faible bande passante et les dispositifs à faible consommation d'énergie.

Plateforme IoT :	Service cloud ou local qui fournit des outils et des fonctionnalités pour la gestion, l'analyse et la visualisation des données provenant des dispositifs IoT, ainsi que pour le développement d'applications basées sur ces données.
Edge computing :	Traitement des données à proximité de leur source, généralement sur les dispositifs IoT ou les passerelles IoT, plutôt que de les envoyer à un serveur central ou à un cloud, afin de réduire la latence, les coûts de communication et la consommation d'énergie.
Sécurité IoT :	Ensemble de pratiques et de technologies visant à protéger les dispositifs IoT, les réseaux et les données contre les menaces et les attaques en ligne, telles que le piratage, le vol de données ou la prise de contrôle à distance.

Blockchain et cryptomonnaies

Terme	Définition
Blockchain :	Technologie de stockage et de transmission d'informations décentralisée, sécurisée et transparente, qui fonctionne sans organe central de contrôle. Les informations sont stockées dans des blocs liés entre eux par des empreintes cryptographiques.
Cryptomonnaie :	Monnaie numérique qui utilise la cryptographie pour sécuriser les transactions, contrôler la création de nouvelles unités et vérifier le transfert des actifs. Bitcoin et Ethereum sont des exemples de cryptomonnaies.
Bitcoin :	Première cryptomonnaie décentralisée, créée en 2009 par une personne ou un groupe de personnes sous le pseudonyme de Satoshi Nakamoto. Bitcoin utilise la technologie blockchain pour sécuriser les transactions et contrôler la création de nouvelles unités.
Ethereum :	Plateforme blockchain open-source qui permet la création et la gestion de contrats intelligents et d'applications décentralisées (dApps). Ether (ETH) est la cryptomonnaie native d'Ethereum.
Contrat intelligent (Smart contract) :	Programme informatique autonome qui exécute automatiquement les termes d'un accord entre parties, sans intermédiaire, lorsque des conditions prédéfinies sont remplies.
Application décentralisée (dApp) :	Application qui fonctionne sur un réseau décentralisé, généralement une blockchain, et qui n'est pas contrôlée par une seule entité.
Portefeuille numérique (Wallet) :	Logiciel ou matériel permettant de stocker et gérer les clés privées et publiques utilisées pour effectuer des transactions avec des cryptomonnaies.

Devenir un Expert IT

Clé privée :	Chaîne de caractères cryptographiques qui permet à son détenteur d'accéder et de gérer les actifs d'un portefeuille numérique.
Clé publique :	Chaîne de caractères cryptographiques, dérivée de la clé privée, qui est utilisée pour générer des adresses de cryptomonnaie et recevoir des transactions.
Mining (minage) :	Processus par lequel les transactions sont vérifiées et ajoutées à la blockchain, et de nouvelles unités de cryptomonnaie sont créées. Les mineurs utilisent des ordinateurs puissants pour résoudre des problèmes cryptographiques complexes qui sécurisent le réseau.

Big Data et analyse de données

Terme	Définition
Big Data :	Ensemble de données massives, complexes et variées qui nécessitent des outils et des techniques avancées pour leur collecte, leur stockage, leur traitement et leur analyse. Le Big Data est caractérisé par les 3 V : Volume, Variété et Vélocité.
Data Warehouse (Entrepôt de données) :	Système centralisé de stockage de données structurées provenant de différentes sources, utilisé pour faciliter l'analyse et la génération de rapports.
Data Lake :	Référentiel de stockage centralisé pour des données brutes, non structurées ou semi-structurées, provenant de diverses sources et formats, qui peuvent être analysées et traitées ultérieurement.
ETL (Extract, Transform, Load) :	Processus d'extraction des données de différentes sources, de transformation des données pour les rendre compatibles avec d'autres systèmes et de chargement des données dans un entrepôt de données ou un autre système cible.
Data Mining (Fouille de données) :	Processus d'exploration et d'analyse de grandes quantités de données pour découvrir des modèles, des tendances et des relations cachées, afin d'extraire des informations utiles et de prendre des décisions éclairées.
Business Intelligence (BI) :	Ensemble d'outils, de techniques et de processus pour analyser et transformer les données brutes en informations significatives, afin de faciliter la prise de décision stratégique et opérationnelle.
Data Visualization (Visualisation des données) :	Représentation graphique des données pour faciliter leur compréhension et leur interprétation, en utilisant des éléments visuels tels que des graphiques, des diagrammes et des cartes.

Devenir un Expert IT

Machine Learning (Apprentissage automatique) :	Sous-domaine de l'intelligence artificielle qui permet aux systèmes informatiques d'apprendre et de s'améliorer à partir de l'expérience sans être explicitement programmés, en utilisant des algorithmes pour analyser et interpréter les données.
Hadoop :	Framework open-source pour le stockage et le traitement distribué de grandes quantités de données sur des clusters de serveurs. Hadoop utilise le système de fichiers distribué Hadoop (HDFS) pour stocker les données et MapReduce pour les traiter.
NoSQL :	Catégorie de systèmes de gestion de bases de données qui n'utilisent pas le modèle relationnel traditionnel (SQL) pour stocker et gérer les données, mais qui sont conçus pour traiter des données non structurées, semi-structurées ou en constante évolution.

Le mot de la fin

Je tiens à remercier sincèrement chaque lecteur pour l'intérêt et le temps consacré à la lecture de ces pages.

J'espère que vous avez trouvé de l'inspiration, de la motivation, des conseils et des idées pour vous aider à atteindre vos objectifs professionnels et à vous épanouir dans le domaine passionnant de l'IT.

Le secteur de l'informatique est en constante évolution, offrant d'innombrables opportunités pour ceux qui sont prêts à apprendre, à s'adapter et à se réinventer.

N'oubliez jamais que l'épanouissement professionnel ne se limite pas à l'acquisition de compétences techniques, mais englobe également la capacité à s'adapter, à innover et à travailler en équipe.

Le télétravail, popularisé suite à la crise sanitaire du COVID-19, a démontré que le domaine de l'IT peut offrir un certain confort de vie et une flexibilité inégalée.

Alors, à vous tous, je vous encourage à poursuivre vos rêves, à rester déterminés et à toujours chercher à améliorer vos compétences et vos connaissances.

Les défis que vous rencontrerez sur votre chemin ne sont que des occasions d'apprendre et de grandir.

Je vous souhaite à tous beaucoup de succès, de satisfaction et d'épanouissement dans votre parcours professionnel, mais aussi personnel. ☺

Encore une fois, merci d'avoir lu ce livre et n'oubliez jamais :

« L'avenir appartient à ceux qui osent rêver, apprendre et s'adapter. »

Printed in France by Amazon
Brétigny-sur-Orge, FR